Klaus Berger
Wer bestimmt unser Leben?

W0039473

Dr. Klaus Berger, geboren 1940 in Hildesheim,
ist Professor für Neues Testament
an der Universität Heidelberg.

Klaus Berger

Wer bestimmt unser Leben?

Schicksal – Zufall – Fügung

Quell

Die Deutsche Bibliothek - CIP-Einheitsaufnahme

Berger, Klaus:
Wer bestimmt unser Leben?. – Gütersloh: Quell, 2002
ISBN 3-579-03311-5

ISBN 3-579-03311-5
© Quell/Gütersloher Verlagshaus GmbH, Gütersloh 2002

Umschlaggestaltung: KonturDesign, Bielefeld
unter Verwendung einer Fotografie von Erich Blaich
Satz: Weserdruckerei Rolf Oesselmann GmbH, Stolzenau
Druck und Bindung: Těšínská Tiskárna AG, Český Těšín
Gedruckt auf chlorfrei gebleichtem Werkdruckpapier
Printed in Czech Republic

Besuchen Sie uns im Internet: http://www.quellverlag.de

Inhalt

Synthese: Stufen der Vorsehung

Ausblick

Einleitung

Zur Einführung

Auch wenn Menschen in irgendeiner Weise die Existenz Gottes annehmen, ist damit für sie die Frage noch nicht entschieden, ob es so etwas wie eine Fügung gibt, die von Gott ausgeht. Oder waltet in allem nur blindes, dumpfes Schicksal, das wir nicht durchschauen, geschweige denn kennen können und das wir nur hinzunehmen haben? Eine Alternative wäre die Annahme, dass alles Geschehen in der Welt nur nach den Naturgesetzen abläuft. Hat also Gott die Welt und ihre Gesetze zwar geschaffen, dann aber auf jede weitere Einwirkung auf die Welt verzichtet? Was soll dann unser Bittgebet? Und wenn Gott doch Ereignisse fügen sollte, wie könnte das geschehen?

Mit scheinbar frommen Antworten, nach denen alles irgendwie von Gott kommt und man über alles mit ihm reden darf, wird es hier nicht getan sein. Denn obwohl seit jeher viele Menschen so reden und denken, ist eine haltbare, »wasserdichte« und theologisch halbwegs begründete Aussage bisher ausgeblieben. Sie müsste darin bestehen, dass ein Wirken Gottes in der Welt sich auf den Einzelnen wie auf die Geschichte bezieht. Eine solche Antwort müsste zum Gottesbild der Bibel stimmen und auch eine Antwort auf das sein, was sich im günstigsten Fall als Beitrag der Naturwissenschaft zu dieser Frage ergibt. Sie müsste auch in Anspruch und Niveau an unsere übrigen Ansichten zu Gott und Welt anschließbar sein. Sie müsste die Stelle eines noch fehlenden Steins im Gewölbe unserer Glaubensansichten füllen können.

Denkansatz, Methode und Ergebnisse dieses Buches sind neu, Teile unseres Lösungsversuchs finden sich aber überall im

Umkreis. – Wir werden vom Glauben an den Schöpfer ausgehen und fragen, ob die neuere Diskussion zum Thema Evolution etwas austrägt. Wir fragen, ob Gott als Schöpfer und als Erlöser und Vollender je und je einen ähnlichen Weg geht. Dabei verhilft uns die Theologie des Johannes-Evangeliums zu mancher Einsicht.

Unsere Antwort ist ein Versuch, der nicht nur die persönlichen Fragen nach Schicksal und Fügung klären helfen möchte, sondern sich auch als Baustein zu einer Geschichtstheologie versteht. Für das benachbarte Problem der Theodizee sei auf mein Buch »Wie kann Gott Leid und Katastrophen zulassen?« (Stuttgart/Gütersloh, 3. Auflage 2001) verwiesen. Die Thesen dieses Buches werden hier nicht wiederholt.

Für mich wurde bei der Ausarbeitung der Thesen des vorgelegten Buches deutlich, dass unser Glaube nicht nur tröstlich, sondern auch konsequent ist.

BEGRIFFSBESTIMMUNGEN

Zunächst sind einige Begriffe zu klären, die nach der Umgangssprache zu unserem Thema gehören:

Zufall: Etwas, das man nicht vorausgesehen hat, das einem zustößt; etwas, das nicht beabsichtigt war und unerwartet geschah; etwas, das keinen »Grund« hat.

Schicksal: Etwas, das eine unpersönliche höhere Macht über mich verhängt hat; es ereignet sich ohne sichtliches Zutun und bestimmt doch mein Leben entscheidend. »Schicksal« steht auch für die höhere Macht selbst, die von sich aus aktiv das Leben bestimmt und lenkt, ohne dass sie zu beeinflussen wäre. Das Schicksal gilt als unabwendbar, man kann sich da hinein »ergeben«, denn man hat es ohnehin zu erdulden. Manchmal ist es dramatisch und tragisch, durch Wenden gekennzeichnet.

Fügung: Ereignisse werden von einer Macht verknüpft, die man im Unterschied zum Schicksal sich eher als Gott denken kann. Daher der Ausdruck »eine Fügung des Himmels«, eine »gnädige Fügung«.

Vorsehung: Eine Macht lenkt das Leben der Menschen. Sie ist weder zu beeinflussen noch zu berechnen. Vom stoischen Sprachgebrauch der *providentia* her schwingt noch mit, dass die Vorsehung im Ganzen vernünftig ist, eine Art Weltordnung, in der jedem sein Platz und seine Zeit zubemessen ist. Diese positive Konnotation war auch Anlass für den Missbrauch durch die Nazis; der Verweis auf die »Vorsehung« diente als Legitimation.

In religiöser Sprache meint das Wort, dass Gott für alle Dinge sorgt und auch Gerechtigkeit ohne Ansehen der Person walten lässt. Biblisch gesehen bedeutet Vorsehung: Gott ist bergender Grund, er handelt personal und lenkt die Geschichte seines Volkes. Das Neue Testament betont (»weisheitlich«) die Fürsorge Gottes für seine Geschöpfe und dass er sich den Menschen auch endgültig zuwenden wird.

Während daher philosophisch im Sinne der Stoa Weltvernunft und zweckvolle Ordnung im Zentrum stehen, betont die Orientierung an der Bibel Gottes Auserwählen und seine Liebe. Dazu dieses rabbinische Gleichnis:

»Der Herr ist wie ein König, der seinen Sohn einem Pädagogen anvertraute. Diesem gab er Anweisungen und fragte ihn: Hat mein Sohn gegessen? Hat mein Sohn getrunken? Ist mein Sohn in die Schule gegangen? Ist mein Sohn von der Schule gekommen? So begehrt der Heilige, gelobt sei er, sich Israel ständig in Erinnerung zu rufen« (rabbinisch, Pesiqta, Thoma/Lauer I 108).

Vorherbestimmung: Das Leben im Ganzen und in Einzelheiten ist im Voraus festgelegt. In der Regel wird dieses Wort auch religiös gebraucht (»Prädestination«): Der souveräne Gott hat »alles« vorherbestimmt, das Heil ebenso wie das Unheil im Ganzen und auch alle Einzelheiten. Der religiöse Gehalt des Wortes ist sehr hoch. In der Regel rechnet man umso mehr mit einer alles bestimmenden Prädestination, je intensiver man allein Gott die Ehre geben will. Man meint, es sei das besondere

Erfordernis einer hundertprozentigen Ehrung Gottes, mit einer vollständigen Prädestination zu rechnen. Vorherbestimmung betrifft sowohl den Weg als auch insbesondere dann das Ziel.

Synchronismus: Menschen treffen sich zur gleichen Zeit an demselben Ort. Dieses Zusammentreffen war unbeabsichtigt und unvorhersehbar. Seine Wahrscheinlichkeit war gleich null. Es hat aber Folgen, die es später als bedeutungsvoll erscheinen lassen.

Los: Dieses Wort wird ähnlich wie »Schicksal« und »Geschick« verwendet. Der Herkunft nach (»das Los werfen«, »würfeln«) betont das Wort die Willkür und Unberechenbarkeit. In Platons Mythos von der Inkarnation der Seelen (zum Beispiel im Dialog Phaidros 249ab) geht es um Verlosung und Wahl eines bestimmten »Lebens« in einem körperlosen, vor der Existenz liegenden Zustand. – Das Wort »Los« wird überwiegend in ungünstiger Bedeutung verwendet.

Glück/Unglück: Glück nennt man das »Ergebnis des Zusammentreffens besonders günstiger Umstände« (vgl. »Synchronismus«), einen »günstigen« Zufall oder eine »günstige Fügung des Schicksals«. Wenn man sagt: »Jeder ist seines Glückes Schmied«, wird offenkundig, dass es nach Meinung der Menschen mit der Hilflosigkeit gegenüber dem Geschick im Zweifelsfall doch nicht so weit her ist. Im Hintergrund stehen antik-römische und dann spätestens in der Renaissance wieder auflebende Vorstellungen von der Göttin Fortuna und ihrem Füllhorn.

Geschick: ähnlich wie »Schicksal«, in der Verwendung noch unspekulativer, da das Resultat betont wird.

Folgende Beobachtungen legen sich aufgrund unseres Sprachgebrauchs nahe:
- Die negative Bedeutung oder Konnotation überwiegt.
- An irgendeine Verbindung mit dem Gott der Bibel ist nur selten gedacht (manchmal bei »Vorsehung«, seltener bei »Fügung«; eher schon bei »Vorherbestimmung«).

Beides zeigt: Von einer traditionell christlichen Durchdringung oder ernstzunehmenden Christianisierung unseres alltäglichen

Denkens und Sprechens kann keine Rede sein. Es überwiegt ganz eindeutig ein vorchristlich heidnischer Sprachgebrauch. Ohne Zweifel ist dieser durch die in der ganzen Geschichte des Christentums ständig präsent gebliebene Astrologie begünstigt worden. Hier kann die Bedeutung der Hofastrologen des 16. und 17. Jahrhunderts gar nicht unterschätzt werden. Abgesehen davon gilt heute, dass Horoskope noch immer die am meisten gekauften Druckerzeugnisse sind. Die »Sterne« (Tierkreiszeichen) und das »Schicksal« sind für viele unersetzliche »Orientierung«.

Der Kampf der Alten Kirche gegen die Astrologie richtete sich gegen die Aufhebung der Freiheit. In die gleiche Richtung zielt auch die heute notwendige Auseinandersetzung mit der astrologischen Gebrauchsliteratur (»Mein Horoskop«):

Es beeinflussen offenbar weniger »die Sterne« als vielmehr die Horoskope, die mit verdeckten Voraussetzungen operieren. Weder das Menschenbild noch die Werteordnung werden ausgewiesen. Sehr viel schlichter: Es werden Kaufanreize geschaffen und eine Psychologie für jedermann verkauft, die Phänomene wie Sünde und Vergebung nicht kennt.

Regelrecht verkauft werden flächendeckend billige Seelsorge und fragwürdige Geborgenheit (»Beruhigung«). Statt angesichts der Ungewissheit des Lebens Vertrauen zu wagen, soll man sich mit ein paar ungefähren und vieldeutigen Auskünften zufriedengeben, von denen man immerhin meint sagen zu können: Besser als gar nichts, sie müssen ja nicht zutreffen.

OFFENE FRAGEN

Das Vakuum im Alltagsleben

Der beklagte Sprachgebrauch und der bekannte Zustand offenbaren dieselbe Grundsituation: Das Christentum hat hier einen beträchtlichen Leerraum entstehen lassen, der sich mit herkömmlichen Mitteln, nämlich mit isolierten Bibelzitaten, nur schwer füllen lässt.

Auf der einen Seite gibt es die Auskunft: *Kein Spatz fällt auf die Erde ohne euren Vater* (Matthäus 10,29). Dieser Satz wird – besonders bei Zwingli und Calvin – im Sinne der radikalen und absoluten Prädestination (Vorherbestimmung) ausgelegt. Schon die Alte Kirche hat freilich gefragt, ob dann auch Verbrechen jeder Art gottgewollt sind. Der Kirchenlehrer Cyprian (3. Jahrhundert) bringt es immerhin fertig, das Amtieren fragwürdiger Bischöfe mit Hinweis auf diesen Text auf Gottes Willen zurückzuführen und für ihr Verbleiben im Amt zu plädieren.

Andererseits gilt, dass jede Rede von Regelmäßigkeiten in der Natur, von Naturgesetzen ganz zu schweigen, überflüssig wird, wenn ständig Gott der Verursacher aller Phänomene ist. Alles weist vielmehr darauf hin, dass es im Bereich der Natur zumindest so etwas wie eine relative Autonomie gibt.

In Wahrheit ist es der Kirche nicht gelungen, die schlichten Alltagsfragen zu beantworten, die sich im Thema dieses Buches zusammenfassen lassen. Diese Fragen sind:

– Dass Gott in der großen Heilsgeschichte handelt oder gehandelt hat (Mose, Jesus), mag ja klar sein. Aber wo und wie handelt er im Alltagsleben?
– Gibt der Glaube eine Orientierung für das, was in der nächsten Zukunft kommt? Ich erinnere an das verbreitete Bleigießen zu Silvester.
– Wie sind die unterschiedlichen Lebensschicksale zu erklären?
– Wie sind die tausend sinnvollen Zufälligkeiten zu erklären, die zusammengenommen ein Leben ausmachen?
– Geht die Heilsgeschichte überhaupt in unseren Biographien, in unserer Zeit weiter, oder leben wir diesbezüglich in der ereignislosen Zeit zwischen Himmelfahrt Jesu und Wiederkunft, auf das Kirchenjahr projiziert: in der liturgisch langweiligen Zeit zwischen Pfingsten und dem 1. Advent?
– Wie handelt Gott überhaupt in der Welt – oder ist er schlechthin abwesend? Und wenn er abwesend ist, haben dann nicht die Sterne zu Recht seinen Beruf übernommen?

– Die Menschen ahnen – und der Theologe sagt: zu Recht –, dass sie schlechthin abhängig sind. Der Kirche ist es nicht gelungen, diese allgemeine Aussage in kleine Münze umzusetzen. Ist die Vorstellung vom Schutzengel nur ein Versuch geblieben?

Die christliche Alltagsreligion war schon immer weitgehend ein Synkretismus aus Magie, Astrologie und schlichtem Heidentum. Diese Mischung ist zäh und klebrig; gerade in den kulturfernen norddeutschen Gegenden hält sie sich weitaus kräftiger als das Christentum. Aus dem Studium der eigenen Sammlung von fünftausend Glockeninschriften kann ich gut belegen, wie stark die Frömmigkeit an der Basis tausend Jahre lang (800–1800) von apotropäischer Magie (Schadenszauber) bestimmt war.

Man hat des öfteren den Eindruck, als müssten im Christentum hochgeistige und weitgehend klerikale, theologische Vorstellungen erst heruntergeholt und für das Volk ermäßigt werden. Daher kommt dann auch das theologische Unwohlsein bei vielen Elementen der Volksfrömmigkeit oder der halb magischen Alltagsfrömmigkeit. Ein gutes Beispiel für die Distanz zu den Bedürfnissen der Praxis ist, dass einem kaum jemand die christliche Lehre von der Providenz (Vorsehung) schlüssig erklären kann, und vor allem nicht, was sie mit dem Gottesbild der Bibel zu tun hat.

Nicht geklärt werden konnte eine Fülle weiterer Fragen, die in der Folge kurz darzustellen sind

Das kann doch kein Zufall sein!

Es gibt eine verbreitete populäre Literatur zu dem Thema der »merkwürdigen« Fälle von »kaum zufälligem« Zusammentreffen. Oft verlaufen diese nach dem Schema: »Hätte ich den Zug damals nicht verpasst, dann hätte ich Frau X gar nicht kennengelernt. Und weil dann eine glückliche Geschichte daraus geworden ist, kann das damals kein Zufall gewesen sein, son-

dern entweder haben gute Mächte es so gefügt oder die Stern-
zeichen standen günstig zueinander.« – Oder auch: »Gott wollte,
dass wir uns treffen, und hat deshalb die Zugverspätung verursacht.« Nur eines scheint sicher: Zufall war es nicht, es stand
eine höhere Macht dahinter, und seien es Gestirnsmächte. Den
»Zufall«, das glückliche, unvorhersehbare Zusammentreffen,
mochte man eben schon immer gerne als keineswegs nur zufällig, sondern als Werk umgreifender Mächte verstehen. Das
heißt: Es gibt eine in unterschiedlichen Kulturen verbreitete
Tendenz, die Rede vom puren Zufall zu vermeiden. Denn durch
bloßen Zufall schiene der Wert des Geschehens entwertet zu
sein. Die Annahme einer Fügung, durch welche Mächte auch
immer, gibt der Verbindung eine sakrale Weihe.

Fälle wunderbaren und folgenreichen Zusammentreffens kennt
auch die Bibel, im Alten Testament zum Beispiel zwei Geschichten zum Thema Brautwerbung. Wie man auch heute
noch weiß, liegt alles daran, dass man zum richtigen Zeitpunkt
den richtigen Partner findet. Bei Isaaks Brautwerbung (1 Mose
24) läuft das so ab: Abrahams Sklave soll für Isaak eine Braut
aus dessen Verwandtschaft suchen. Gott wird seinen Engel
vor ihm her senden (24,7). In einem Gebet formuliert Abrahams Sklave dann das bekannte Erkennungszeichen: jenes
Mädchen, das sagen wird, wenn er es um einen Trank bittet:
»Auch deine Kamele will ich tränken«, das »hast du für deinen Sklaven Isaak bestimmt« (24,14). Im Botenbericht erzählt
der Sklave von Abrahams Auftrag und Zusage: *Der Herr …
wird deinen Weg glücken lassen*, und dann zitiert er sein Gebet: *O Herr, du Gott meines Herrn Abraham, lasse doch die
Reise gelingen, auf der ich mich befinde …* (24,37–42). Die
Schwiegereltern sagen dann: *Vom Herrn ist diese Angelegen-
heit ausgegangen. Wir können weder in gutem noch in bösem
Sinne etwas dazu sagen* (24,50).

Um Brautwerbung geht es auch bei Tobias. Der Vater sagt zu
ihm: »Gott, der im Himmel wohnt, wird eure Reise gelingen
lassen, und sein Engel möge mit euch ziehen« (Tobit 5,17).
Dieser gute Engel, Raphael, ist der Reisegefährte selbst.

In beiden Fällen steht der Engel für Gottes Schutz und Führung über eine lange Wegstrecke in eine weit entlegene Gegend. Gott sorgt dafür, das sagen beide Geschichten, dass dort, wo man meint, doch nur auf Zufall angewiesen zu sein, Gottes Engel für das Gelingen sorgt. Und gewiss beziehen das die Leser dieser alten Geschichten auch auf sich selbst: Dort, wo so Wichtiges auf dem Spiel steht wie der künftige Lebenspartner, lässt uns Gott nicht allein. Er führt uns durch seinen heiligen Engel. Auch der Jesus der synoptischen Evangelien ist offenbar dieser Auffassung. Denn er sagt, Gott habe die Brautleute zusammengeführt (Markus 10,6: *Was Gott verbunden hat ...*). Entsprechend sagten die Rabbinen von Adam und Eva, Gott selbst sei Evas Brautführer gewesen.

Auch im Neuen Testament gibt es wichtige, von Menschen nicht planbare oder geplante Begegnungen, so das Zusammentreffen von Kornelius und Petrus (Apostelgeschichte 10) und von Paulus und seinem Täufer Ananias (Apostelgeschichte 9). Das Mittel, derartige komplizierte und wirksame Begegnungen zu inszenieren, sind Engelerscheinungen. Die Engel sagen den Beteiligten die Treffpunkte und arrangieren so den folgenschweren Synchronismus. So erscheint der Engel dem Kornelius in Apostelgeschichte 10,3–6, und nach Apostelgeschichte 10,19f instruiert der Heilige Geist Petrus ganz entsprechend. So gelingt der Übergang des Christentums zu den Heiden. Denn Petrus konnte in Joppe »ganz gezielt« Kornelius treffen. – In Apostelgeschichte 9 finden durch Offenbarungen des (auferstandenen) Herrn selbst Ananias und Paulus im Haus des Judas zueinander (9,6.10f.15). In 9,12 werden beide Visionen per Mitteilung des Herrn miteinander verknüpft. Auf diesem Wege lenkt Gott Geschichte. Denn der (zeitweilig) blinde Paulus kommt so an die Taufe und an eine christliche »Gemeinde« in Damaskus. Gleichzeitig beseitigt die visionäre Mitteilung bei den Christen die Furcht vor dem einstigen Verfolger Paulus.

Aus den genannten Beispielen geht hervor: Dort, wo keine äußerlich sichtbaren Verbindungslinien bestehen, stellt der

»Herr« (der auferstandene Jesus) oder Gottes Engel solche Verbindungslinien her. So wird Geschichte geknüpft.

Alle gewählten Beispiele haben (unabsichtlich) gemeinsam, dass Gottes Handeln besonders auf fremdem Territorium, im fremden Land, zur Wirkung kommt, dort also, wo nach menschlichen (damaligen) Maßstäben nichts planbar und machbar war. Und ein weiteres wichtiges Element, das uns noch öfter begegnen wird, finden wir hier: Die beteiligten Menschen sind nicht einfach regungslos passiv, sondern sie erhalten Aufträge, und Gottes Handeln rahmt diese von ihm selbst angeordneten Tätigkeiten der Menschen.

Wir halten fest: Gerade dort, wo wir regelmäßig davon sprechen oder es geradezu erwarten, auf den Zufall angewiesen zu sein, gerade dort setzt die Bibel Gottes Führung, Gottes Zueinanderführen und (dann auch) seinen Segen an.

Doch im Blick auf moderne Zufallsforschung wiederholen wir die Frage:

Ist das meiste nicht doch Zufall?

In der Zufallsforschung spricht man davon, dass es Unvorhergesehenes und Nicht-Planbares gerade im Bereich der Elementarteilchen gibt. Freilich sollte man sich als Anwalt der Bibel über derartige Auskünfte nicht zu früh freuen. Denn es bleibt selbstverständlich dabei, dass es für die Mikrophysik Ursacheloses weiterhin nicht gibt. Es kann mithin nur Ereignisse geben, die überraschend oder nicht vorher abschätzbar sind, doch alle haben weiterhin ihre Ursachen, auch wenn diese einmal weniger bekannt sein sollten.

Zufällig ist also nur die Art und Gestalt einer Wirkung, nicht ihr Zustandekommen. Jedes Lotteriespiel mit Kugeln macht das deutlich. Denn dass diese oder jene Kugel »sich qualifizieren würde«, war nicht (oder nur unter extremem Aufwand) vorhersehbar, aber doch, wie man im Nachhinein weiß, strikt notwendig. Denn im Laufe des Gesamtvorgangs galten die

Gesetze der Schwerkraft. Im Nachhinein wird erkennbar, dass nur die Naturgesetze geherrscht haben.

Unsere Beobachtungen tendieren demnach in die Richtung, dass es einen Zufall weder theologisch noch naturwissenschaftlich gibt. Offenbar ist die Rede vom Zufall eine oberflächlich verkürzende für den Fall, dass man entweder etwas grundsätzlich nicht weiß oder die Mühe scheut, den Verlauf eines Vorgangs physikalisch genau zu untersuchen. Das Nichtwissen trifft hier eher bei theologisch relevanten Dingen zu: Wenn ich es nicht durch Offenbarung weiß, kann ich von mir aus nicht herausfinden, wie Isaak zu seiner Frau gekommen ist.

Hier ist daher – abgesehen von den durch die Bibel erkannten Fällen – ein Ort des Geheimnisses Gottes. Das gilt jedenfalls für die theologische Betrachtungsweise.

Ist vielmehr alles Glück oder Pech?

»Glück muss man haben!« hört man oft von Glückskindern. Jung und länger Verheirateten wünscht man viel Glück. Und von einer Arbeit sagt man manchmal, sie sei geglückt oder eben nicht geglückt.

Eine Glücksgöttin, eine Glücksfee oder ein Glück, das vom einen zum anderen wandert, das alles kennt die Bibel nicht. – Doch hier ist darauf aufmerksam zu machen: Es gibt eine biblische Kategorie, die mit dem Glück eng verwandt zu sein scheint, denn sie wird oft zusammen mit dem Glück genannt: der Segen. So wünscht man »viel Glück und viel Segen«. Doch eines unterscheidet den Segen vom Glück: Er muss ausgesprochen sein. Segen kommt von »sagen«. Der Segen muss erbeten und/oder formuliert sein. Wer sagt: »Der Herr segne euch«, der bittet um Segen und spricht ihn zugleich aus.

Damit aber ist deutlich, dass im Verhältnis zwischen Zufall und Gottes Führung dasselbe gilt, was auch bei Glück und Segen gilt: Der Mensch ist hier nicht nur passiv, sondern mit seinem Tun dabei. Das wird den überraschen, der von der Bi-

bel immer nur eine verflachte Ausgabe der Lehre von der Rechtfertigung hören möchte, die angeblich darin besteht, »dass wir
nichts tun können«. In diesem Fall ist es gerade die heidnische
Rede vom Ausgeliefertsein an den Zufall, von der Begünsti-
gung durch eine launische Glücksgöttin, die die Menschen zu
reiner Passivität degradiert. Es ist ja gar nicht wahr, dass der
Mensch der Bibel nur passiv und in die Welt »geworfen« sei.
Gott fordert etwas von ihm. Sei es, dass er um Segen bittet
oder segnet oder sich segnen lässt, oder sei es, dass er dort, wo
Gott führt und fügt, das tut, was Gott von ihm will. Christlich
ist gerade nicht, dass wir nur »von Klippe zu Klippe geworfen« wären (Friedrich Hölderlin). Und es ist nicht ganz zufällig, dass die Rede vom Geworfensein (des Menschen) im Denken Martin Heideggers Karriere gemacht hat, dem man
manchmal eine ganze Prise Zeitgeist der zwanziger Jahre und
Neigungen zum faschistoiden Denken nachgesagt hat.
Nein, eine richtig verstandene Rechtfertigungslehre kann nicht
zu solchen Konsequenzen der reinen Passivität führen, denn
sie setzt immer Beziehungen zwischen der Personalität des
Menschen und Gottes voraus (unter Beachtung dessen, dass
bei Bildern wie »Personalität« die Unähnlichkeit größer als
die Ähnlichkeit ist).

Glaube an das Schicksal

Das Schicksal gilt, insbesondere dann, wenn es als Subjekt im
Gespräch ist, als eine dunkle Macht, der der Mensch
schlechthin ausgeliefert ist. Man kann darüber wütend sein –
»Im Zorn auf das Schicksal«, las ich neulich als Kommentar
in einer Todesanzeige –, aber ändern kann man es nicht. Der
Schicksalsglaube ist daher düster und nicht heiter. Er ist men-
schenverachtend, denn das Schicksal verachtet Menschen. Es
hat nur »jeder sein Päckchen zu tragen« – eine wahrhaft preu-
ßische Dienstauffassung, die sich dann über das ganze Dasein
erstreckt. Man kann das Schicksal nicht ändern. Darin treffen

sich alle Aussagen über diesen dunklen Lebenshintergrund der meisten.

Die negative Wertung der Schicksalsmächte ist besonders mit dem Stichwort »Gnosis« verbunden, einer philosophisch-religiösen Zeitströmung des zweiten bis fünften Jahrhunderts n. Chr., die enge Beziehungen auch zur Astrologie aufweist. Die materielle Welt ist von einem bösen Dämon erschaffen, nicht vom guten Gott. Die Welt wird von geistig blinden, dummen Mächten regiert, Archonten genannt. Ihre Handlanger sind die irdischen gewalttätigen Herrscher. Die Archonten stehen mehr oder weniger mit den Gestirnsmächten in Verbindung. Der jüdische Religionsphilosoph Hans Jonas hat zu Beginn der dreißiger Jahre des 20. Jahrhunderts eindrucksvoll zusammengefasst, was für ein Daseinsgefühl sich aus dieser Schicksalsgläubigkeit ergab: »Ungeheure Daseins-Unsicherheit, Weltangst des Menschen, Angst vor der Welt und vor sich selbst quillt im Gnostizismus herauf. ... In ihm begegnet das Dasein sich selbst, seine tiefe Angst scheint daraus zurück. Den Asiaten jener Tage, die die Gnosis erfunden haben, wurde unter einem stählernen Himmel die fürchterliche Feindseligkeit und Fremdheit der sie umgebenden Welt deutlich, in der sich der Mensch seiner gänzlichen Ausgeliefertheit und Verlorenheit an dieses Weltwesen bewusst wurde. ... Wir können uns vorstellen, mit welchen Gefühlen Gnostiker zum Sternenhimmel emporgeblickt haben. Wie böse muss sie sein Glänzen, wie beunruhigend seine ungeheure Weite und starre Unwandelbarkeit seiner Bahnen, wie grausam seine Stummheit angemutet haben« (Gnosis und spätantiker Geist I, 1934, S. 6–8). Auch wenn dieses Zitat mehr über Hans Jonas und seine Zeit sagen sollte als über das erste und zweite Jahrhundert, lässt es doch auf jeden Fall etwas von dem erkennen, was man Schicksalsgläubigkeit nennt. – Wir werden noch sehen, dass es sich bei der Gnosis insgesamt um einen Versuch handelt, das Böse in der Welt zu deuten (Theodizee-Problem).

Auch hier steht die biblische Auffassung in Opposition. Gut erkennbar wird das an folgendem rabbinischen Text: »Wenn ein Mensch seiner Frau beiwohnt, winkt Gott dem Engel zu, der über die Empfängnis gesetzt ist und dessen Name Lajla (Nachtengel) ist, und spricht zu ihm: Wisse, dass in dieser Nacht ein Mensch aus dem Samen dieses Mannes gebildet wird. Behalte, was ich dir sage, und hab acht auf diesen Tropfen. Nimm ihn in deine Hand und streu ihn auf der Tenne aus in 365 Teile. Der Engel folgt dem Befehl, nimmt den Samen sofort in seine Hand und bringt ihn vor den, der sprach, und es ward die Welt, und sagt vor ihm: Ich habe getan nach allem, was du mir befohlen hast. Was soll über ihn beschlossen werden? Sofort beschließt Gott über den Tropfen, was er werden soll, ein Mann oder eine Frau, ein Schwächling oder ein Held, arm oder reich, kurz (klein) oder lang, hässlich oder schön, dick oder dünn, verachtet oder geehrt; und ebenso beschließt er über alles, was ihm begegnen soll. Aber ob er ein Gerechter oder ein Gottloser werden soll, beschließt er nicht. Das legt er in die Hand des Menschen allein, wie es heißt (Dtn 30,15): ›Siehe, ich lege dir heute vor das Leben und das Heil und den Tod und das Unheil‹« (Baba Batra 144b; Ketubot 30a).

Aus dieser Stelle wird erkennbar: Auch wenn viele Umstände nicht in der Hand des Menschen liegen, so ist es doch voll in seine Hand gelegt, ob er gerecht oder ungerecht ist. An entscheidender Stelle ist er verantwortlich und nicht die Summe der Umstände, die man Schicksal nennen könnte. Damit liegt auch hier der Kontrast zu der heidnischen Anschauung in dem vergleichsweise hohen Stellenwert der menschlichen verantwortlichen Aktivität.

Sterne, Steine, stille Mächte

Unter diesem Thema geht es insgesamt um Dinge, die »Einflüsse« auf das menschliche Leben haben. Das Wort »Einfluss« selbst kommt aus der Astrologie und bezeichnet (von den Gestirnen ausgehende) unsichtbare flüssige Strömungen, denen der Mensch sich ausgesetzt weiß. Immer wieder soll die Rede von Einflüssen Lebensschicksale erklären helfen, vor allem Leid und Böses. Auch der Hexenglaube lebte von der Vorstellung solcher Einflüsse, allerdings mit der Annahme, man könne sie – anders als die der Sterne – dirigieren. Eine nicht geringe Rolle spielte bei der Rede von den Einflüssen auch die Entschuldung des Menschen. Wer unter bösem Einfluss stand, gar verhext war, konnte gar nicht anders als nur Böses wirken. Da haben wir es wieder, das Problem der Freiheit und Verantwortlichkeit, das uns in jedem Abschnitt neu begegnet.

Das Christentum hat von Anfang an – wie die Verbrennung der magischen Bücher laut Apostelgeschichte 19,19 dokumentieren möchte – einen Kampf gegen Astrologie und Magie geführt (vgl. dazu: K. v. Stuckrad: Das Ringen um die Astrologie, Berlin 2000). Auch im Christentum gibt es etwas, das »flüssig« ist wie der Einfluss, das von außen kommt und die Taten von Menschen lenkt und bestimmt. Dieses nennen wir »Heiligen Geist«, und man betet darum, seine sieben Gaben möchten ausgegossen werden. Er ist im Unterschied zu den »Einflüssen« eine Macht, die die menschliche Aktivität nicht ausschließt, sondern steigert und eindeutig sein lässt. Er bindet den Menschen nicht ein oder fesselt ihn, sondern verbindet die Menschen miteinander, indem er den Einzelnen von seinen Fesselungen und Hemmungen löst.

Gerade in diesem Bereich werden aber neuerdings immer wieder Stimmen laut, die auf Kompromisse drängen: Gibt es denn nichts Wichtigeres, als sich hier zwischen sakramentaler (christlicher) und anderer (magisch-heidnischer) Magie zu verkämpfen? Geht es nicht in jedem Fall um unsichtbare, immaterielle Wirkungen, die geheimnisvoll von Kräften in Materie ausgehen? Haben nicht schon die alten Rabbinen mit Recht gesagt, Edelsteine seien ein tröstliches Mitbringsel aus dem Paradies? Hat nicht das Mittelalter darauf eine ganze »esoterische« Medizin gegründet? Ist denn Christentum immer nur das Rationale? Ist nicht vieles in der Medizin, besonders was die (angebliche) Wirkung von manchen Arzneimitteln angeht, genauso »Aberglaube«?

Schon Romano Guardini hat 1949 einen Kompromiss so formuliert: Und wenn die Sterne Einfluss haben, so sind sie doch Sterne Gottes. Von ihm haben sie ihre Macht, wenn sie denn welche haben. Gilt dasselbe nicht auch für den Umgang mit Engeln?

Zu alledem ist Folgendes zu bemerken:

- Alle Einflüsse zusammen könnten es nie so weit bringen, dass der Mensch seine Verantwortung verlöre.

- Wenn man Gott darum bittet, ein Ding möge einem Hilfe und Nutzen sein, dann ist dagegen nichts zu sagen.

- Es ist bekannt, dass für das Wirklichkeitsverständnis der Liturgie die Grenzen zwischen Person und Ding anders verlaufen als für den neuzeitlichen Menschen. So kann die Liturgie Wasser, Feuer oder Erde mit »Du« anreden. Das bedeutet allerdings nicht, dass diese Elemente oder dass andere »Kräfte« oder »Mächte« nun dem Menschen magisch-technisch verfügbar wären. Vielmehr gilt: Der Einzige, der im unsichtbaren Bereich wirklich legitime Macht hat, ist Gott. Andere oder anderes haben sie nur in seinem Namen. Bei christlichen Heiligen ist dieses per se klar (»Bitt Gott für uns, Maria«), denn sie sind ja in Gottes Namen aufgetreten. Diese Grundvoraussetzung fehlt bei Steinen und irgendwelchen Mächten. Da genau liegt die Problematik im Umgang mit diesen Kräften oder Mächten. Wenn sie eine Macht haben sollten, dann keine eigene, sondern nur eine geliehene. Und darauf muss der hilfsbedürftige Mensch Bezug nehmen, sonst sieht er sich plötzlich von einer Vielzahl rivalisierender Kräfte umgeben. In der Tat erinnert die »Szene« heute an die Situation in der antiken Welt vor Einführung des christlichen Monotheismus. Im Klartext: Ein Stern oder ein Stein hat keine eigene Macht, andernfalls wird er als Götze angesehen. Und der Ernstfall des Bekenntnisses zum Gott des Ersten Gebotes ist gegeben, wenn Menschen von Kräften und Mächten reden, mit denen sie per »Du« stünden, ohne dass der »Herr der Geister« auch nur im Entferntesten erwähnt wird.

Das Zutrauen zu den angeblich das Schicksal bestimmenden Mächten und Kräften ist deshalb so groß, weil hier keine Theologie abklärend eingegriffen hat, keine Moral den Menschen an seine eigenen Pflichten erinnert und keine Aufklärung die Spekulation in ihre Grenzen verwiesen hat – weniger zugespitzt gesagt: weil Theologie und Moral und Aufklärung allenfalls den Kopf, nicht aber die Tiefenschichten der Menschen erreicht haben. Hier, so meint man, habe man es mit unzivilisierten und damit umso mächtigeren Urkräften zu tun. Demgegenüber erscheinen Gott der Schöpfer und die Wundergeschichten der Bibel und der Kirchengeschichte vielen eher als blass und eben durch die (exegetische) Forschung zerfasert.

»Gott bestimmt und regelt alles« – wirklich?

Wenn andererseits aber der Schöpfer-Gott alles regeln und bestimmen soll, dann bleibt die Theodizeefrage auf beängstigende Weise unbeantwortet. Dann wollte Gott Auschwitz und jeden vorzeitigen Tod. Dann wollte Gott die Quälereien, die man Jesus und unzähligen Misshandelten angetan hat. Dann gilt auch, dass das Maß des Leidens in der Welt unendlich dem überlegen ist, was es an Einsicht oder Umkehr bewirken könnte.

Die Aussage, Gott wirke alles in der Welt, ist nur scheinbar besonders fromm. Sie hat vielmehr fatale Konsequenzen im wahrsten Sinne des Wortes:

- Die Verantwortlichkeit der Menschen wird beseitigt. Dagegen betonen alle jüdischen und christlichen einschlägigen Texte eindeutig die Freiheit und Verantwortlichkeit des Menschen.
- Gott wird zum Urheber des Bösen, das mich trifft, und damit wird das Gottesbild verdunkelt. Denn Gott erscheint nunmehr als ambivalent. Der biblische Gott dagegen ist Leben und will Leben. Er ist keineswegs ambivalent, sondern kämpft gegen den Tod (1 Korinther 15). Dazu hat er die Gebote gegeben und Jesus gesandt.

– Da die Menschen so im Kern fatalistisch geprägt werden, verliert insbesondere das Gebet seine religiöse Bedeutung. Denn der Gott, der alles bestimmt, ist im Zweifelsfall auch nicht mehr umstimmbar.

Dass Gott »alles« wirkt, soll an jeder Station des Lebens Gottes Gericht vermuten lassen oder Anlass zu Dank geben. Es führt aber zu einer Eingrenzung des Wirklichkeitsraumes, da die Welt vordergründig wird. Dabei macht doch erst die Unterscheidung das Entdecken von Tiefenstrukturen möglich.

Wenn man im Mittelalter sagen konnte: Es gibt nur einen Urheber aller Dinge, nämlich Gott, und dieses darauf bezog, dass Gott auch der Urheber des Käses oder der Schuhe ist, die wir bereiten (Schule von Chartres), dann galt das im übertragenen Sinne von seiner Gesamt-Verursachung. Es war dem Mittelalter durchaus klar, dass der Mensch über seine Kultur frei verfügen dürfe.

Andererseits führt die Aussage, Gott wirke gar nichts, nur zu Spielarten des modernen Deismus, die Wunder unerklärlich und Bittgebete überflüssig machen.

Dieser Abschnitt verdeutlicht, dass bei diesem schwierigen Thema auch die möglichen Konsequenzen als Erkenntnisquelle dienen. Das, was auf jeden Fall abzuwehren ist, wird an den Konsequenzen greifbar.

Einfluss der Gebete?

Andererseits fragt sich, welchen wirklichen Wert die Zusicherungen Jesu über die Erhörung des Gebets der Christen haben. Denn offenkundig werden die Gebete zumeist nicht erhört. – Oder gilt das Wort, dass Gott uns jedenfalls Besseres schenkt, wenn er unsere Bitte jetzt oder vorerst verweigert? Und hatte die Mystikerin Hadewig nicht Recht, wenn sie sagte: Vertrauen rührt an Gottes schwache Stelle? – Wenn aber Gebete erhört werden, dann bestimmt Gott doch irgendwie unser Leben. Dann bestimmen es sogar – indirekt – auch die

Beter. – Wir werden auf diese Frage in anderem Zusammenhang wieder zurückkommen.

Ist die Welt aus Zufall geworden?

Die Zufallstheorien berühren nicht nur die Frage nach dem Schicksal, sondern auch nach der Entstehung des Kosmos. Denn auch für dieses Problem gilt die Frage: Handelt es sich vielleicht um eine gelenkte Entwicklung?

Die Vertreter der Evolutionstheorie haben zwar nicht an der Kausalität gezweifelt, die Evolution aber als Addition von Mutationen der Art angesehen, dass aus den ziellos erfolgten Mutationen durch Selektion und Zuchtwahl diejenigen herausgesucht worden sind, die am meisten das kräftige Überleben garantierten. Am Ende war es der Geschmack der Weibchen, der alles bestimmte.

Es ist ihnen klar, dass Gott nicht eine Ursache neben oder über anderen ist und dass er insbesondere nicht (kausal) jedes einzelne Geschehen begründet. Diskutable Modelle sind:

Gott eröffnet durch sein Wirken neue Möglichkeits-Spielräume, aus denen Innovationsimpulse kommen, die dann regelmäßig werden. Das bedeutet: Gott ist sehr wohl in irgendeinem Sinne eine Ursache, nur anders als die innerweltlichen Ursachen.

Oder so: Gott garantiert den Bestand der Regeln und inspiriert neue Möglichkeiten. Das ist nicht deterministisch, sondern inspirativ zu begreifen. – Dieses Modell ist dem Exegeten besonders lieb. Denn ein ähnliches Schema liegt bei der Theologisierung der Talion-Regel vor: Jedermanns Tat fällt auf ihn selbst zurück. Dafür, dass das garantiert so sein wird, dass also dieser Mechanismus des Bumerang immer funktionieren wird, ist Gott der Garant. Das nennt man den Gerichtsgedanken. Ähnlich hier: Dafür, dass die Naturgesetze stabil sind, sorgt Gott.

Oder so: Gott wirkt die Selbstorganisation der Welt. Er generiert, kanalisiert und finalisiert die Veränderungen (die je ihre konkrete Einzelursache haben).

Oder so: Gott ist ein Intelligenz-Zentrum der Welt, er ist jedenfalls »in der Nähe« eines Super-Hirns, das alle wichtigen Vorgänge vernünftig macht und die Vorstellung weckt, in der Welt herrsche bewundernswerte Regelmäßigkeit (»Ordnung«). Diese Möglichkeit wird als »eher deistisch« bezeichnet, aber der biblische Logos-Gedanke aus Johannes 1,1 trifft sich sehr gut mit der Grundkonzeption einer vernunftgeleiteten Schöpfung. Dass Gott nicht darin aufgeht, Superhirn zu sein, zeigt dann der Fortgang des Evangeliums nach Johannes.

Über Gott als mögliche Zielursache *(causa finalis)* wird unten zu sprechen sein, wenn es um Gottes Wirken in der Welt geht. Wir halten fest: In der philosophischen Verarbeitung der modernen Naturwissenschaft ist die Neigung erkennbar, die Rede vom Zufall für eine Verlegenheitslösung zu halten. Den Vorstellungen vom Schöpfergott kommen Aussagen über eine besondere Art von Kausalität zumindest nahe, die lenkt, Spielräume eröffnet und Bestand und Vernunft im Ganzen bedingt und bewahrt. Das ist, wenn man auf die antireligiöse Polemik vergangener Zeiten zurückblickt, fast schon mehr, als man erwarten kann. Wenn Gott schon würfeln sollte, so befolgt er doch Spielregeln.

Wie wirkt Gott jetzt als Schöpfer?

Die religiösen Fragen nach Schicksal, Zufall und Glück sind Anfragen daran, wie und wo Gott als Schöpfer jetzt wirkt. Oder anders gefragt: Ob das naturwissenschaftliche Weltbild, das uns ja zumindest teilweise bestimmt, mit einem Reden vom Wirken Gottes vermittelbar ist. Oder noch einmal anders: Wie muss man von Gott reden, damit das nicht sofort als lächerlich und als unzumutbares Märchen aufgefasst wird? Der Grat zwischen Sich-Verständlichmachen und unzumutbarer Anpassung (dem Zeitgeist Nachlaufen) ist hier schmal.

Zufall und Schöpfung

Die Frage nach Zufall, Schicksal und Fügung ist in letzter Zeit zunehmend eine Frage danach geworden, wie die Welt und was sie erfüllt geworden ist. Anhand der Aussagen über die Schöpfung und die Art, in der Gott die Schöpfung gewirkt hat und erhält, bestimmt sich dann weiterhin die Frage, wie Gott überhaupt in den Lauf der Welt und das einzelne Leben eingreift.

Naturgesetze an langer Leine

Es besteht kein Anlass zu der Annahme, die Naturgesetze gälten nicht. Gewiss gelten sie nur »statistisch«, »gewohnheitsmäßig« oder »nach bestätigter Erfahrung«. Dass sie Gesetze im strengen Sinne und von mathematischer Präzision seien, wird niemand behaupten, weil es nicht zu beweisen wäre. Aber unter diesem Vorbehalt können wir mit ihnen rechnen. Selbst das »fromme« Mittelalter erkannte der bestehenden sichtbaren Schöpfung eine relative Autonomie zu, indem man von der Welt der Sekundärursachen *(causae secundae)* sprach. Nach Thomas von Aquin bedeutet die Existenz von Zweitursachen keine Schmälerung der göttlichen Erstursache *(causa prima)*. Vielmehr ist die bestehende Welt als System von Zweitursachen selbst darin Abbild Gottes, dass die geschaffenen Dinge nicht nur da sind, sondern auch ihrerseits wieder Ursachen sein können. Dies ist ein Zeichen der Liebe und Großzügigkeit Gottes. Innerhalb aller Dinge, die von Gott kommen, sind notwendige und kontingente zu unterscheiden. Beide kommen aus dem Willen Gottes. Von daher machte es keine Schwierigkeiten, Gott als den Schöpfer des Ganzen anzunehmen und eben als den Herrn dieser in sich stabilen und relativ autonomen Ordnung. Gott wird begriffen als der, der diese Ordnung in ihrer Existenz hervorgerufen hat und in ihrem Bestehen sichert.

Je mehr Naturgesetze man erkannte, umso stabiler wurde die Hypothese, die Schöpfung sei autonom. Relativ spät erst erkannte man zum Beispiel, dass der Blitzschlag kein unmittelbares geheimnisvolles Eingreifen Gottes ist, sondern ein physikalisches Phänomen. Immer schwieriger wurde es daher auch, Gott als Lückenbüßer anzunehmen und alle nicht natürlich erklärbaren Vorgänge (und dann eben nur diese) auf ihn allein zu schieben.

Spätestens seit Sigmund Freud rechnet man auch die menschliche Psyche zum Bereich der so verstandenen Natur. Nach dieser Ansicht läuft das Leben der Psyche nicht anders ab als das anderer Gebiete der Humanmedizin. Unumstritten ist dieser Standpunkt jedoch nicht, zumindest im Bereich der sogenannten Individualpsychologie gelten nicht starre Mechanismen.

Strittig sind ferner Existenz und Ausmaß von Wundern geblieben. Gibt es also Erscheinungen, die den Rahmen des Erwartbaren und Normalen völlig sprengen? Durchbricht Gott den Zusammenhang der Natur schon, wenn er wider Erwarten Gebete erhört? – Immerhin lässt er im Rahmen des Ganzen das geschehen, was Christen als Erhörung von Gebeten ansehen.

Wiederannäherung von Naturwissenschaft und Religion?

Bekannt ist der Ausspruch, »unter Wissenschaftlern« seien »mehr Mystiker« zu finden »als unter den Bischöfen dieser Welt«. Dieser Satz signalisiert, dass Theologen sich häufig durch den harten Rationalismus praktizierter Naturwissenschaft leicht und voreilig beeindrucken ließen, während Naturwissenschaftler inzwischen ihrem eigenen Tun sehr viel skeptischer gegenüberstehen.

Andererseits sollte man nicht vorzeitig jubeln. Denn wenn Albert Einstein 1929 erklärt: »Ich glaube an Spinozas Gott, der sich in der gesetzlichen Harmonie des Seienden offenbart, nicht an einen Gott, der sich mit dem Schicksal und den Handlungen der Menschen abgibt«, dann ist diese Form von Deismus eben das Problem, das wir in diesem Buch erörtern. Ähnlich hatte auch Max Planck erklärt: »Nichts hindert uns also, die beiden wirksamen und doch geheimnisvollen Mächte, die Weltordnung der Natur und den Gott der Religionen, miteinander zu identifizieren.« Hier wird nun umgekehrt die Naturordnung vergöttlicht – aus der Sicht eines Christen die Verwechslung von Geschöpf und Schöpfer. Denn wenn man einfach beides identifiziert, dann ist, mit Verlaub gesagt, für den biblischen lebendigen und persönlichen Gott noch nichts gewonnen. Dann könnte es auch sein, wie ein Freund es salopp formulierte, dass Gott die Welt zwar erschaffen hat, aber dann jung gestorben ist. Nein, Baruch Spinoza, Albert Einstein und Max Planck haben offenbar nurmehr einen weltfernen deistischen Gott kennengelernt, der mit Liebe und dem persönlichen Weg eines Menschen nichts zu tun hat. Schließlich stammt von Albert Einstein der Satz: »Wer von der kausalen Gesetzmäßigkeit alles Geschehens durchdrungen ist, für den ist die Idee eines Wesens, welches in den Gang des Weltgeschehens eingreift, ganz unmöglich« (Mein Weltbild, Amsterdam 1934, Neuauflage Frankfurt 1979, S. 17). Insofern müsste der Weg jedes einzelnen Menschen dann einfach in die Naturgeschichte eingeordnet werden. Die Wissenschaft der Psychologie versucht in ihren konsequentesten Ausprägungen eben dieses.

Für theologische Ansätze offener formulieren andere: Der Gottesglaube stehe für eine alles hervorbringende unteilbare Potenzialität, für ein Möglichkeitsfeld, in das wir Menschen eingebettet seien. Freilich kann ich zu einer Potenzialität nicht beten, und diese wird auch keinen Sohn namens Jesus Christus haben. Dennoch ist an dieser Aussage wohl richtig, dass der Gott der Bibel diese Potenzialität *auch* ist. Gott wird in dieser Aussage nicht festgelegt auf die Gesetzlichkeit des Weltsystems.

Mir scheint es nicht angebracht, für Gott ein Plätzchen zu suchen, weil eines gefunden werden muss. Es geht vielmehr darum, die Aporien der Naturwissenschaft auf die elegantest mögliche Weise auszunutzen, ohne Gott in diesen Aporien anzusiedeln; andernfalls wäre er eben doch nur der Lückenbüßer.

Zwei Sprachen?

Was man übereinander gelagerte Schichten der Wirklichkeit nennt, kann man auch mit dem Bild der zwei Sprachen sagen. Die eine Sprache ist die des Glaubens an den persönlichen Gott (also die Sprache der Religion und Theologie), die andere die der Naturwissenschaft, näherhin die an der Kausalität orientierte. Dabei liegt freilich alles daran, ob man diese zwei Sprachen nur nebeneinander her existieren lässt, oder ob man sie als komplementär ansieht. Auch wenn man Letzteres annimmt, lassen sie sich jedoch nicht einfach ineinander übersetzen. – Angewandt hat man dieses Modell besonders auf das Verhältnis von Schöpfung zu Evolution.

Beide Sprachen beziehen sich auf dieselbe Wirklichkeit. Dabei muss jeder Monopolanspruch auf beiden Seiten vermieden werden, also naturwissenschaftlicher Positivismus auf der einen wie »theologischer Objektivismus«, wie R. Bernhardt (1999, S. 309) es nennt, auf der anderen Seite. Aufgabe der Theologie ist es, auf die (begrenzten) Geltungsreichweiten der naturwissenschaftlichen Modelle hinzuweisen und jeder Überschreitung der Reichweiten entgegenzutreten.

Freilich darf sich der theologische Beitrag nicht auf die Ebene personaler Bedeutsamkeit reduzieren, und diese darf nicht einfach einer illegitimen objektivierenden Redeweise entgegengesetzt werden. Das heißt: Aus meiner Sicht darf man hier die theologische Sprache nicht auf nur subjektive existenzielle Bedeutsamkeit beschränken, das wäre in der Tat »subjektivistischer Perspektivismus«. Ich denke, dass nicht jedes Berichten von Gottes tatsächlichem Wirken als »objektivierende Rede« verurteilt werden muss.

Was hier hermeneutisch und methodisch hilft, ist allein, die unglückliche Zweiteilung zwischen subjektiv-existenziell und objektivistisch zu vergessen. Das eine würde einen Rückzug in die Privatheit und Innerlichkeit bedeuten, wie er oft genug im kirchlichen Raum praktiziert wird. Das andere findet sich so nur bei fundamentalistischer Auslegung, die davon ausgeht, dass es nur eine einzige Art von Geschehnissen gibt, nämlich biologisch und physikalisch festlegbare und daher entsprechend auch (zum Beispiel archäologisch) beweisbare. Denn es gibt sehr wohl religiöse Erfahrungen mit dem Anspruch auf Gültigkeit über das Individuum hinaus; diese nennt die Kirche gültige Offenbarungen (im Unterschied zu Privatoffenbarungen). So ist das, was die Kirche verkündigt, nicht nur persönliches Betroffensein, sondern es geht um Bausteine für eine neue Welt, also um etwas, das als Zeugnis in der Geschichte auch als geschichtsrelevant angesehen wird. Das aber ist von (falschem) Objektivismus und (falschem) Absolutheitsanspruch meilenweit entfernt.

Geläufig ist das Modell der zwei Sprachen schon seit G. F. W. Hegel, nach dem der Bereich des von der Vernunft Erkennbaren von dem der Religion zu trennen ist, der zum subjektiven Gefühl und »Gemüt« gehört: »Wenn Gott aus dem Gebiet der vernünftigen Einsicht ausgeschlossen ist, so bleibt allerdings nichts übrig, als ihm das Gebiet der zufälligen Subjektivität, das des Gefühls anzuweisen, und man muss sich nur wundern, dass Gott überhaupt noch Objektivität zugesprochen wird« (Werke in 20 Bänden [1969ff], 16, S. 57).

Auch bei Martin Buber hören wir es noch ähnlich, denn Buber spricht dem Glauben an Gott tendenziell die Rationalität ab und lässt ihn vielmehr zur Begegnung mit dem absoluten »Du« werden.

Generell gilt, dass die Theologen die Natur den Naturwissenschaften »zum Fraß vorgeworfen« haben. Und insbesondere die protestantische Theologie noch der fünfziger und siebziger Jahre des vergangenen Jahrhunderts zog sich auf die rein »worthaft-geistige« Beziehung zwischen Gott und den Menschen (S. Daecke) zurück. Die Ausdrücke »Schöpfung« und »Evolution« markierten verschiedene Welten.

Die Folge dieser Zweiteilung war, dass Theologen zwar Ruhe hatten vor Anfragen der Naturwissenschaft (und umgekehrt), dass aber beide Sektoren gegeneinander immunisiert wurden. So wurde die theologische Frage entbehrlich. Die Gottesfrage wurde zu einem privaten Problem, und nach Carl Friedrich von Weizsäcker kann sie in der Naturwissenschaft gar nicht auftauchen. Auch bei Karl Rahner finden sich Andeutungen in dieser Richtung.

Inzwischen häufen sich die Anzeichen dafür, dass man einsieht: Wenn die Aussagen der Theologie und der Naturwissenschaft füreinander irrelevant werden, dann wird »die Natur gottlos«. Theologische Aussagen werden sinnlos.

Was das Neue Testament berichtet, sind nicht subjektive Erfahrungen der Betroffenheit, sondern Geschehnisse, die für die Gemeinschaft der Glaubenden relevant sind und deren Wirken in der Welt begründen. Aus diesem Grund hilft aus meiner Sicht die Trennung zwischen subjektiv und objektiv nicht weiter. Vielmehr war die Unterscheidung von Tiefenschichten oder Wirklichkeitsräumen nicht damit verbunden, irgendeinem Geschehen Wirklichkeit, das heißt gültigen Realitätsgehalt abzusprechen. Aber es gibt eben verschiedene Arten von Wirklichkeit, und diese sind, so unser Bild hier, in unterschiedlicher Tiefe erreichbar. Je nach Tiefendimension gelten andere Regeln. Das ist auch im Bergwerk so.

Mir geht es nun im Folgenden darum, die beiden Ebenen zueinander in Beziehung zu setzen.

Eine Frage des Glaubens an den Schöpfer

Evolution als Ideologie

Nach wie vor gibt es starke Neigungen, »Evolution« weniger als Theorie auf dem Prüfstand zu betrachten als vielmehr im Sinne einer Weltanschauung daran zu glauben. Für eine solche Weltanschauung ist die Hypothese der Evolution ein Modell zur Erklärung des Ganzen. So wie man teilweise meint, Dinge erklären zu können, zieht man jetzt Rückschlüsse auf die Eigenart des Erklärten und macht daraus persönlich gelebten Glauben. Menschen, die an die Evolution glauben, machen aus einer funktionalen naturwissenschaftlichen Hypothese dann eine ganze Metaphysik. Dass man sich auf Evolution beruft, dient nur der Rechtfertigung.

Zu diesem Zweck wird Evolution dann als Mechanismus der Optimierung angesehen, das heißt als mechanische Sammlung von zweckdienlichen Neuerungen. Auf die Frage nach der Entstehung der Neuerungen antwortet man mit Hinweis auf den Zufall.

Ist Gottes Ort mitten im Prozess?

Manche Theologen lehnen das Modell von Transzendenz und Immanenz für die Fragestellung, wie Gott in der Welt wirkt, ab. Sie tendieren dann dahin anzunehmen, Gott wirke nicht »von außen her«, sondern im Prozess der Evolution selbst. Dabei knüpft man an den Gedanken der *creatio continua* (fortdauernde Schöpfung) an und nimmt an, die Evolution sei nichts anderes als die Schöpfung selbst. Man beruft sich auf Whitehead: Als fließende Welt rettet und vollendet Gott den Weltprozess, er ist diesem Prozess immanent. Daher neigen diese Theologen zu folgenden Annahmen: Gott ist überall in den Prozessen der Entwicklung, er ist »in« der Schöpfung. Und der Prozess selbst wird mit Gott identifiziert. Die Evolution erscheint als Ordnen der Schöpfung, Gott ist der »agent« in den Prozessen. Gott greift nicht von außen in den Werdeprozess ein, die Transzendenz ist nicht von seiner Immanenz im Evolutionsprozess zu lösen.

Meine Frage geht auch hier darauf: Was ist denn nun eigentlich gewonnen, wenn das, was in den Prozessen wirksam ist, ohne Wenn und Aber mit Gott gleichgesetzt wird? Indem man diese Prozesse lediglich »tauft«, werden theologische Aussagen noch nicht »notwendiger«. Denn man kann diese Identifikation mit Gott auch getrost lassen und ist dann genauso weit. Die Theologie erklärt nichts zusätzlich. Und daran hätte sie doch allein ihre Existenzberechtigung, dass einem mit ihr Dinge klar werden, die man sonst nie verstanden hätte. So aber könnte man ruhig dabei bleiben, die Evolution sei eben ein sich selbst planender Prozess.

Teilhard de Chardin versuchte auf spekulativ-mystische Weise den ruinösen Dualismus zu überwinden und sprach vom »Evolutor Christus«, in dem in Zukunft Schöpfung und Evolution vereint würden.

Warnung vor dem Lückenbüßer

Selbst kompetente kirchliche Vertreter wie der österreichische Weihbischof Andreas Laun warnen davor, Gott dort als Lückenbüßer anzunehmen, wo die Naturwissenschaft etwas noch nicht erklären kann. Denn es ist stets peinlich, wenn vordem für »wunderhaft« gehaltene Fakten sich nachträglich als von der Wissenschaft erklärbar entpuppen. Daher mahnt Andreas Laun: Nur dann dürfe man mit einem direkten Eingreifen Gottes rechnen, wenn die Wissenschaft positiv bewiesen habe, dass es keine andere Erklärung geben könne. Das sei zum Beispiel bei der Gabe der menschlichen Seele an jedes neu entstehende Menschenkind durch Gott der Fall. Im übrigen könne man auch als Christ annehmen, dass sich Körper und Organe des Menschen im Zuge der Evolution gebildet hätten.

Auch die Annahme von Makro-Mutationen in der Evolution verstieße nicht gegen den christlichen Glauben, wenn sie denn nachweisbar wäre. Die damit gegebene »menschliche Person« entsteht nicht »von selbst«. Hier besteht ein offensichtlicher Widerspruch zu einigen protestantischen Forschern wie Jürgen Moltmann, denen zufolge Gott nur in der Schöpfung und nicht von außen wirkt.

Jeder bloße Lückenbüßer aber würde sich über kurz oder lang auf peinliche Weise erübrigen. Theologen sind nicht wundersüchtig.

Das »anthropische Prinzip«

Unter dem »schwächeren« anthropischen (von griech. *anthropos* = Mensch) Prinzip versteht man: Die Strukturen der Schöpfung weisen de facto auf den Menschen. In ihm kommt eine Reihe von Entwicklungslinien zu ihrer höchsten Entfaltung. Insofern ist der Mensch die »Krone der Evolution«. Das Prinzip besagt: Weil es am Ende menschliches Leben gibt, muss es am Anfang und bei der Entstehung der Anfänge auch die Voraussetzungen dazu gegeben haben.

Das »stärkere« anthropische Prinzip dagegen hält fest: Das Anfangswerk sei schon so gemacht, wie es gemacht wurde, damit es Menschen habe geben können. Hier wird also eine Zielstrebigkeit in Richtung Mensch von Beginn her angenommen.

Dagegen ist einzuwenden: Eine finale Betrachtung dieser Art vom anthropischen Prinzip her ist nicht notwendig. Die Welt ist nicht deshalb so, wie sie ist, damit es Menschen geben kann. Vielmehr muss man sagen: Wären die Voraussetzungen in der Welt anders, dann wäre auch der Mensch anders – oder es gäbe ihn möglicherweise gar nicht. Aber man kann nicht vom Menschen als Zweck ausgehen und von daher argumentieren, alles übrige habe so geschaffen werden müssen, wie es ist, weil es Basis für das Auftreten des Menschen ist.

Die Probleme des Evolutionsglaubens

Nach übereinstimmender Meinung der gegenwärtigen Forschung ist die Grundannahme der Evolutionstheorie nicht belegt: dass durch Mutationen ganze Organe, gar neue Arten oder eben überhaupt irreduzibel komplexe Systeme entstehen könnten. Umgekehrt gesagt: Im Mikrobereich gibt es Evolution durch Mutationen, nicht dagegen im Makro-Bereich. – Auch für die Bakterien etwa gilt: Von den 50 Proteinen, die für den »Elektromotor« von Bakterien nötig sind, darf auch nicht eines fehlen, sonst funktioniert das Ganze nicht. Das heißt: Die Gesamtheit des Bakterienmotors muss durch ein einziges Ereignis ins Dasein getreten sein. Man nennt das Resultat eine kumulative Komplexität. Oberhalb einer gewissen Komplexitätsgrenze liegt die Entstehung von Neuem in der Schöpfung völlig im Dunkeln.

»In den südamerikanischen Wäldern gibt es auffällig gefärbte Frösche, die in ihrer Haut starke Gifte erzeugen, das Pfeilgift der Indianer. Diese Hautgifte schützen ihre Träger vor ihren Fressfeinden. Der gesuchte einfachste, positive Evolutionsschritt bestehe nun im Erwerb eines solchen Hautgiftes. Dieses Hautgift habe folgende Eigenschaften: Es sei ein sehr kleines Protein von nur 100 Aminosäuren, das entweder selber ein Gift ist oder aber ein Enzym, das aus einem allgegenwärtigen Stoffwechselprodukt in einem einzigen chemischen Syntheseschritt das Gift herstellen kann (vgl. E. und H. Zimmermann: Pfeilgiftfrösche, Naturwissenschaftliche Rundschau 47, 1994, S. 379–385). Das neue Gen soll durch Punktmutationen zustande kommen. Die Wahrscheinlichkeit einer zufälligen Entstehung wäre 1:10 hoch 180. Doch der so begabte Frosch hätte noch keinen Vorteil, wenn der Räuber seine Giftigkeit erst bemerkt, wenn er verschlungen ist. Die Giftigkeit muss durch eine bestimmte Zeichnung erkennbar sein. Auch das müsste zufällig entstehen. Und Giftigkeit und Warnzeichnung müssten zufällig entstehen. – Fazit: Der Mutations-Selektions-Mechanismus ist unzureichend« (P. Erbrich, in: P. Weingartner [2001], S. 193; 209f).

Daher gilt: »Die Entstehung des erstmalig Neuen überfordert den Zufall in jeder Hinsicht.« Es ist daher ein Trugschluss, wenn aus der Beobachtung von kleinen Mutationen auf die ganze Evolution geschlossen wird.

Zudem besteht der grundsätzliche Mangel der Evolutionsthese darin, dass sie auf das Faktische beschränkt ist (und daher zum Beispiel keine Wertlehre oder Ethik kennt) und dass sie keine Theorie über das Ganze aufweist.

EIN NEUER ANSATZ

Im Folgenden möchte ich zunächst einige Grundlagen biblischer Kosmologie und Anthropologie in die gegenwärtige Diskussion um Evolution einbringen. Das ist, soweit ich sehe, nirgendwo geschehen, es erleichtert aber die Diskussion an vielen Punkten. Denn die Bibel hat überraschenderweise Kategorien parat, auf die die neuere Diskussion um Evolution vielleicht gewartet hat.

Kein Gegensatz Materie – Geist

In der gesamten antiken Welt gibt es den Gegensatz von Materie (Stoff) und Geist nur im Platonismus, und von dort ist dieser Gegensatz in das frühe Christentum eingedrungen. Die Rabbinen der ausgehenden Antike empfanden die Veränderung, die das Christentum unter dem Einfluss des Platonismus erlitt, als so gravierend, dass sie aus Protest den Mythos vom Riesenkörper Gottes bildeten, nur um den Gott Israels sich nicht im »Rein-Geistigen« verflüchtigen zu lassen. Statt der griechisch-philosophischen Alternative gab es dann andere wie »tot – lebendig«, »Ordnung – Chaos«, »vernunftgeleitet – maßlos«, »gerecht – gierig egoistisch«, »nach der Weisung Gottes (Gesetz) lebend – Ordnung zerstörend«.

Auch der »Geist Gottes« wird daher immer als Sturmwind vorgestellt und ist etwas ganz anderes als Geistigkeit im Sinne der »reinen« Theorie. Mit »Geist« sind Beweglichkeit, Veränderbarkeit, die Fähigkeit zu hören und zu sprechen verbunden. Daher ist es nicht sinnvoll, speziell nur am Abend vor dem Ersten Examen um Heiligen Geist zu bitten, denn dieser hat mehr mit Vitalität und Sinnlichkeit zu tun als mit Platonismus.

Für unser Thema bedeuten diese Einsichten: Das Problem der Evolution ist nicht das Auftreten des Geistes. Mit Geist ist alles, was ist, immer schon ebenso verbunden wie mit Materie. Gegensätze sind in diesem Bereich nicht auszumachen. Selbstverständlich gibt es etwas, das nur der Mensch hat, zum Beispiel die Auszeichnung, Gottes Ebenbild und Partner zu sein. Und Gott hat den Menschen nur wenig unter die Engel gesetzt. Aber das gilt eben vom ganzen Menschen und nicht nur von seinem Geist.

Das bedeutet aber: Ein »Materialismus« ist vom Standpunkt der Bibel aus geurteilt in demselben Maße eine Fehlentscheidung, wie es der Platonismus war. Dass die Wirklichkeit in jedem Fall komplexer ist als eine von beiden Optionen, sagt schon das biblische Welt- und Menschenverständnis.

Wenn es zum Beispiel im 4. Esrabuch 7,78 heißt, dass sich der *spiritus* vom *corpus* trenne, dann ist mit *spiritus* keine Geistseele gemeint, sondern der Lebensodem des Menschen inklusive allem, was das ausmacht, was wir »Geheimnis der Individualität« nennen.

Anderes Personverständnis

Unser heutiger Personbegriff entsteht erst im Lauf der christlichen Dogmengeschichte und ist erst im frühen Mittelalter in seiner Entwicklung abgeschlossen. Die Bibel selbst hat noch einen weiter gefassten Personbegriff und kann auch unsichtbare Mächte mit Namen benennen, die bei uns »keinen Personalausweis« bekämen. Entscheidend für den biblischen Personbegriff ist offenbar weniger ein »rationaler Personkern«, sondern die Macht, etwas zu verändern. Person ist derjenige, der Ordnung schafft, dem man gehorchen kann, mit dem man reden kann. Für unsere Fragestellung bedeutet das: Wie alle anderen Kategorien, so ist auch »Person« nicht isoliert zu betrachten und für sich feststellbar, sondern als ein bestimmter Knotenpunkt im Netz der Wirklichkeit. Person ist jemand, den Gott bei seinem Namen rufen und der darauf antworten kann. Es geht also um eine Potenz zu hören und zu antworten, um ein Herz, das man aufs Spiel setzen kann.

Für unseren Zusammenhang ist wichtig, dass Personalität mit der Fähigkeit zu hören, zu antworten und zu verändern neben anderen komplexen Systemen steht.

Schöpfung als Ordnung

In positiver Hinsicht möchte ich den Gehalt des hebräischen Wortes, das man mit »erschaffen« wiederzugeben pflegt *(bar'a)*, als »umfassendes Ordnen« bestimmen, und zwar auch in dem Sinne, dass in einer so erstellten Ordnung jedem Ding sein Platz zugewiesen wird, das betreffende Etwas in eine Ordnung eingefügt wird. Diese Ordnung schließt ein, dass sich jedes Ding in seiner Art vom anderen unterscheidet – eben dieses macht die Ordnung aus. Daher kann es in der Schöpfungsgeschichte heißen, Gott habe eben dadurch erschaffen, dass er Besonderheiten in Differenz zu anderen verursachte, für ein jedes »nach seiner Art«. Ein wenig erinnert eine so verstandene Schöpfung daher an das System des Carl von Linnée in seiner Begründungsphase.

Aus dem Gesagten folgt: Das höchste Prädikat, das Gott nach den Schöpfungsberichten zukommt, ist nicht das des Schöpfers aus dem Nichts, sondern das des Ordners der Welt, das heißt, dass er die einzelnen Dinge in ihrer jeweiligen Gestalt geschaffen hat, in ihrem Eigensein gegenüber anderen und in der Anordnung ihrer Verschiedenheiten. Damit aber ist Gott nicht – modern gesprochen – für alles verantwortlich, was überhaupt Wirkung und »Einfluss« hat, sondern eben nur für die Ordnung.

Die landläufige Assoziation ist dagegen schlicht die, dass »erschaffen« gleich »hervorbringen aus Nichts« ist. Wer das bezweifelt, kratzt an der Hoheit Gottes. Denn es gehört zum Inventar des monotheistischen biblischen Gottesglaubens, dass nur die höchstmöglichen Prädikate der Hoheit Gottes gemäß sind. Das entspricht im übrigen dem Sprachduktus liturgischer Frömmigkeit, die man an den Aussagen des »Ehre sei Gott in der Höhe« in klassischer Liturgie gut einsehen kann, insbesondere an dem Satz »du allein bist der Höchste«.

Das Fatale ist nur, dass man die Bedeutung des Wortes »erschaffen« *(bar'a)* dann und nur dann für die höchstmögliche hält, wenn es sich um ein Erschaffen aus Nichts handelt. Denn selbstverständlich, so meint man, ist nur dann das Erschaffen gottgeziemend beschrieben und formuliert, wenn dem Erschaffen nichts, aber auch gar nichts zugrunde liegt. Denn klar scheint dieses zu sein: Je weniger der Erschaffende vorfindet, umso größer und göttlicher ist der Schöpfungsakt.

Der protestantische Systematiker Konrad Stock hat das Prekäre an diesem Schluss glänzend aufgezeigt in seiner Studie über die *Annihilatio mundi* (Annihilatio mundi. Johann Gerhards Eschatologie der Welt, 1971). Denn bei diesem eschatologischen Terminus technicus geht es genau darum, dass bei der Neuschöpfung der Welt am Ende nun im Rahmen der Rechtfertigungslehre alles wieder zum Nichts zurückgeführt werden müsste, bevor Gott neu schaffen kann. Die Annihilierung ist in diesem Sinne nichts weiter als das Postulat, das sich aus einem Schöpfungsbegriff der *creatio ex nihilo* ergibt, wenn man diesen rechtfertigungstheologisch universalisiert. Der Systemzwang, in dem Gott aus theologisch-systematischen Gründen gefangen ist, führt hier zu der wahrhaft universalen Konsequenz, dass unbedingt alles erst wieder zu nichts werden muss, weil die Neuschöpfung sonst keine »richtige« Schöpfung wäre. Als Neutestamentler darf man hier vorsichtig anfragen, ob dann nicht auch schon die Bezeichnung der Taufe oder Bekehrung zum Christentum als »neue Schöpfung« – wenn man das wirklich ernst nimmt – die Annihilierung des Täuflings zur Folge haben müsste, eine wahrhaft grausliche Vorstellung! (Es sei denn, man nimmt eben alles metaphorisch, was Theologen ja öfters tun, wenn alle Stricke reißen.)

Es wird deutlich: Gerade unter gesamtbiblischem Aspekt hat die Erschaffung aus Nichts extrem fatale Konsequenzen. Diese wurden bisher, wie angedeutet, nur durch den Systemzwang überdeckt. Dieser hat folgende Gestalt:
– Gottgeziemendes Bekenntnis zur Erlösung *setzt voraus:* Keinerlei Eigenbeteiligung des Menschen, das heißt Rechtfertigung des Menschen als eines Nichts oder zumindest Nichtswürdigen, also ohne jedes gute Werk (trotz Römer 2,14–15).
– Gottgeziemende Einschätzung der Rolle historischer Daten bei der Genese des Glaubers *setzt voraus:* Kein Hinweis auf Historisches ermöglicht den Glauben. Der Glaube der Christen ist selbst eine *creatio ex nihilo.*
– Gottgeziemende Auffassung von der Schöpfung *setzt voraus:* Keinerlei »etwas« war vorher da, also nichts.
– Gottgeziemende Auffassung von der Neuschöpfung *setzt voraus:* Gott schafft ohne Vorgabe völlig souverän neu. Voraussetzung: Totaler Abbruch der bestehenden Schöpfung, gänzliche Diskontinuität.
Es scheint, dass auf allen Stationen dieser systematischen »Konsequenzentabelle« die Diskontinuität das eigentliche Thema ist.

Aus folgenden Gründen scheint mir eine Erschaffung aus Nichts auch sachlich der biblischen Vorstellung von Schöpfung entgegengesetzt zu sein:
a) Das Nichts ist eine philosophische Kategorie, die als solche dem biblischen Denken völlig fremd ist.
b) Die Konzeption einer »Herkunft der Welt aus x« (hier also: aus dem Nichts) setzt die Denkweise der Vorsokratiker voraus, aber eben nicht die der Bibel. Die Vorsokratiker sind an

.

den *archai* (Ursprüngen) interessiert und setzen je nachdem Wasser, Feuer, Luft oder anderes als dasjenige Urelement an, aus dem alles Übrige in der Welt entstanden ist. Dieses Vorstellungsschema ist für unsere Kultur wichtig, weil es im Grunde die Abfolge von Ursache und Wirkung kosmologisch fasst. Aber biblisch ist das nicht.

c) Die Aussagen über die Neuschöpfung schon bei Jesaja, zum Beispiel in Jesaja 43,19, setzen eine Erschaffung aus dem Nichts gerade nicht voraus. Denn ganz unzweideutig geht es hier um eine Neu*ordnung*. Ebenso ist auch die rabbinische Auffassung von der Neuschöpfung des Proselyten beim Übertritt in das Judentum natürlich nur als eine Neuordnung verstanden. Wie schon bei Jesaja ist diese Neuordnung durch die Berührung mit dem Gesetz veranlasst.

d) Der Bezug zum Gesetz ist jedenfalls in frühjüdischer Zeit auch dadurch sichergestellt, dass die Septuaginta *bar'a* mit *ktizein* übersetzt, und dieses Verb bezieht sich bekanntlich auf den juristischen Akt einer Stadtgründung, bei welchem eine Siedlung das Stadtrecht bekommt.

Die klassische Theodizeefrage setzt dabei an, dass Gott der Allesverursacher und Alleinurheber der gesamten Schöpfung ist. Eben dieses wird mit unserem Verständnis von Schöpfung bestritten.

Zunächst kann man, falls unsere These zutrifft, die Aussagen in der Schöpfungsgeschichte nach 1 Mose 1 verstehen, wo es jeweils heißt, es sei »gut« gewesen, was Gott geschaffen habe (auch 1 Mose 1,31 als Abschlusssatz über die gesamte Schöpfung, inklusive der des Menschen, gehört dazu). Hier pflegt in der Regel der kritische Einwand anzusetzen, der fragt: Wenn nach 1 Mose 1 alles, was Gott geschaffen hat, gut war, dann ist sehr verwunderlich, woher das Böse in der Welt kommen soll. – Dieser Einwand ist mit unserem Schöpfungsbegriff abzuweisen: Das, was Gott gemacht hat, war wirklich gut, insofern er es gemacht hat. Damit aber ist nicht erklärt – und soll wohl auch nicht geklärt werden –, warum die Schlange, die Gott in den Garten gesetzt hat (1 Mose 3,1), betrügerisch und tückisch ist. Für diese Neigung, die geeignet ist, Gottes Ordnung zu stören, zeichnet Gott nicht verantwortlich.

Dasselbe gilt für den Missbrauch des freien Willens, den Adam und Eva sich leisten. Die Menschen stehen in der Ordnung und sollten – wie das Frühjudentum es immer wieder betont – diese Ordnung nur einmal angucken, um sich zu orientieren. Aber ihre Devianz hat Gott nicht geschaffen. Die Unordnung rührt meines Erachtens daher, dass der Mensch sich immer wieder mit den unordentlichen Mächten einlässt, ganz gleich, ob man sich diese als Chaosmächte denkt, wie manche Psalmen es tun (Psalm 74,13–15; 89,10–12), oder ob man die Schlange im Paradies als Miniaturausgabe dieser Chaosmächte betrachtet. Eine gute Zusammenfassung – und »sachgemäß« identifizierende Deutung – dieser alttestamentlichen Wesen gibt Offenbarung 12,9: *Der große Drache – das ist die Schlange der Urgeschichte, auch Satan oder Teufel genannt.*

Für unseren weiteren Gedankengang halten wir fest: Erschaffen heißt eine Ordnung stiften. Das deutsche Wort »erschaffen« weckt allzu sehr Assoziationen in Richtung eines Zauberers, der ein Kaninchen aus dem Hut holt, das vorher (scheinbar) nicht da war.

Das hebräische Wort *bar'a* für »schaffen/ordnen« erleichtert erheblich das Gespräch mit der Naturwissenschaft. Denn »ordnen« ist jedenfalls etwas Vernünftiges.

Unterschiedliches Zeitverständnis

Für die biblischen Schöpfungsberichte besteht kein Unterschied zwischen erstmaliger Erschaffung und andauernder Schöpfung. Denn die hierarchisch gestaltete Schöpfung der ersten Seiten der Bibel ist die Schöpfung »so, wie sie ist«. Die Bibel schildert kein Anfangsgeschehen vor langer Zeit, sondern beschreibt – man nennt das ätiologisch, das heißt an den Ursachen orientiert –, warum die Welt so ist, wie sie sich bietet. Ein Indiz dafür ist, dass der Sabbat, der siebente Tag, sich jede Woche wiederholt. Und bis heute ist zum Beispiel im Stundengebet der Zisterzienser jeder Wochentag einem Schöpfungswerk zugewiesen, das der Bibel zufolge an diesem Tag entstanden ist. So wird etwa am Mittwoch, am vierten Tag der Woche, die Erschaffung von Sonne, Mond und Sternen gefeiert.

Aus diesem Grund ist es für die Bibel wichtig, dass alles, was ist, auf Gottes befehlendes Wort zurückgeht. Es handelt sich um ein konsequent ausgestaltetes System von aufeinander aufbauenden Bedingungen.

Es geht also nicht um Ursachen in der Vorzeit, sondern um den Rahmen für alle Geschichte, und dieser Rahmen bleibt. Aus diesem Grund fehlt auch zum Beispiel jede Angabe darüber, woher das Böse kommt. Vielmehr ist es einfach da, so wie andere Teile der Schöpfung auch einfach existieren.

So geht es dem Schöpfungsbericht nicht um Evolution, wohl aber um eine zeitlose Hierarchie in der Schöpfung. Darauf weist im Übrigen wiederum der Sabbat. Denn alles dient ihm, auch der Mensch findet in diesem Tag sein Ziel. Nur gewissermaßen nebenbei bildet die Abfolge der Wochentage ziemlich exakt die Stufen der Evolution ab, die auch durch neueste Theorien nicht grundsätzlich in Frage gestellt werden.

Probleme in der Darstellung des Gottesbildes

Man kann den Eindruck gewinnen, dass die meisten Probleme bei der Diskussion um eine Rolle Gottes bei der Schöpfung der Welt hausgemachte Probleme der christlichen Rede von Gott sind. Zumeist wird der Hinweis auf Gott gehandhabt und entsprechend auch verstanden als eine Form des Frageverbots und des autoritären Verschlusses weiteren Nachdenkens. So wird aus Gott genau das, was die ganze Bibel immer wieder abwehrt, nämlich der *deus ex machina,* der plötzlich eingeflogene Notlöser. Hinter diesem Gottesbild steht noch immer die Angst vor klerikalem Diktat.

So wird, das lässt die Diskussion wohl erkennen, das Wort »Gott« hier allzuoft wie eine Alltagsmünze ausgegeben. Dabei gibt es kaum Schwierigeres, als in diesen kosmologischen Zusammenhängen so von Gott zu reden, dass nicht gleich alle Gesprächsteilnehmer erstarren. Das ist nicht die Frage der Angemessenheit, die es bekanntlich nicht gibt. Sondern es ist die Frage, auf welche Weise man vermeiden kann, hier überhaupt zu schweigen – was fatal wäre.

Am anderen Ende finden sich noch allzuoft Assoziationen an den Handwerksmeister und »Bastler«, an den israelitischen Stammesgott (mit der Betonung auf »Stamm«) und an den moralisierenden Oberpfarrer.

Ich möchte dagegen in der Folge zurückgreifen auf das Gottesbild des Johannes-Evangeliums, das kurz zu besprechen mir hier äußerst förderlich zu sein scheint. Es geht mir dabei, kurz gesagt, um die Verbindung von Schöpfungslogos und Liebe, gedacht im Sinne der Hintereinander-Staffelung.

Zum johanneischen Gottesbild

Das Johannes-Evangelium beginnt mit einer Darstellung des Schöpfungs-Logos (1,1-18). Wo frühere jüdische Texte von der Weisheit gesprochen hatten, durch die die Welt gemacht wurde, ist jetzt vom Wort und zugleich von der Weltvernunft Gottes die Rede. Damit kann die jüdische Tradition vom Wort des Schöpfers aufgegriffen werden (Gott sprach, und es ward ...), und zugleich bekennt sich der Verfasser zur Auffassung von der vermittelnden Instanz zwischen Gott und Welt, die man in dieser Zeit »Weisheit« oder »Logos« (Philo von Alexandrien) nennt.

Doch damit, dass Gott durch seinen Logos die Welt schaffen lässt, ist die Geschichte nicht zu Ende. Indem dieser Logos in Jesus Christus erscheint, wendet sich Gott auf eine ganz neue Weise der Welt zu, die weit über die Schöpfung hinausgeht. So kann man die Wundertaten Jesu zweifellos nur darauf zurückführen, dass hier der Schöpfer selbst am Werk ist. Aber das ist jeweils erst der Anfang, so etwas wie ein Startzeichen. Die jeweils auf das Wunder hin folgenden Dialoge und Monologe (zum Beispiel in Johannes 5, 6, 9 und 11) deuten auf das hin, für das die Wunder selbst Zeichen sind: auf die Gabe von Leben, Licht und die Überwindung des Todes. Aber das Ziel liegt noch darüber hinaus: in einer engen und unzertrennlichen Lebensgemeinschaft mit Gott. Diese wird »Einssein« oder »Liebe« genannt. Schon in Johannes 3,16f wird dieses programmatisch erklärt: *Denn Gott hat die Welt so sehr geliebt, dass er den Menschen seinen einzigen Sohn geschenkt hat, damit jeder, der an ihn glaubt, für immer lebt und nicht verloren geht. (17) Gott hat seinen Sohn nicht in die Welt gesandt, damit er sie verurteilt, sondern damit sie durch ihn gerettet wird.*

Das bedeutet: Dass sich Gott erneut, in der Sendung Jesu Christi, dadurch, dass der Schöpfungslogos in einem Menschen erscheint, der Schöpfung zuwendet, äußert er etwas, das über die Erschaffung weit hinausgeht, nämlich Liebe. Sie wird am Ende dadurch möglich, dass Gott durch die *Gabe des Lebens* in Jesus die Menschen sich ähnlich macht. Wenn die Menschen die Fülle unzerstörbaren Lebens und reiner Freude haben wie er, dann kann das von Gott her ersehnte Einssein Wirklichkeit werden.

Das heißt für unsere Fragestellung: Die Schöpfung wird überboten (und vollendet) durch die Gemeinschaft von Gott und Mensch, der Logos zielt auf Liebe. Die Weltvernunft, die Schöpfungsvernunft war nur die erste Weise, in der Gott sich der Welt zugewandt hat. Das war gewissermaßen nicht genug. Hinter dem Schöpfungslogos wird – sozusagen als die treibende Kraft überhaupt – Gottes Liebe erkennbar.

Wie eng beides aneinander gebunden ist, das zeigen gerade die Wunder. Die in Jesus wirksame Schöpfungsmacht schenkt Heilung, um die Bedingung anzudeuten, unter der Einheit unter Menschen und mit Gott sein kann: Beseitigung der Angst vor dem Tod in allen seinen Formen.

Aber dass »hinter« dem Schöpfungslogos Gottes Liebe sichtbar wird, das hat große und bedeutende Konsequenzen für das hier erörterte Thema. Das gilt insbesondere dann, wenn richtig sein sollte, was wir oben andeuteten: dass Entscheidendes an der christlichen Rede von Gott liegt. Mir scheint, dass sich für diese Frage unsere Beobachtungen zum Johannes-Evangelium als hilfreich erweisen werden. Denn dann geht es auch schon bei der Schöpfung nur vordergründig um Vernünftigkeit und letztendlich um Liebe – wie auch immer dieses Wort von pausbäckigen Assoziationen zu befreien sein mag.

Ein Beitrag zur Klärung offener Fragen?

Die in der Diskussion um Evolution hauptsächlich offene Frage richtet sich darauf, welche Macht die *irreduzibel komplexen Systeme* hervorbringen kann, die in der Welt bestehen, also die haargenau aufeinander abgestimmten Gegenseitigkeiten in den Beziehungen der einzelnen Schöpfungsfaktoren zueinander.

Die Anforderungen, die an diese Macht zu stellen sind, dürften sich aus der Diskussion klar ergeben. Es geht nicht um die Erschaffung irgendwelcher Einzelgegenstände und Essenzen, die erst nachträglich zueinander ins Verhältnis zu setzen wären, sondern es geht darum, ein funktionierendes komplexes System als System in die Welt zu setzen. Erfordert ist daher eine in höchstem Maße intelligente Macht, die – im Bild gesprochen – ein »Mobile im Gleichgewicht«, also ein lebensfähiges Ganzes produziert.

Unter bestimmten Bedingungen scheint mir diese Frage mit dem Hinweis auf Gott hier nach dem bisher Gesagten leichter beantwortbar als vorher. Das ist im Folgenden zu begründen:
Erstens: Schon die antiken Stoiker hegten die Überzeugung, dass »hinter der Welt« eine Intelligenz im Sinne eines funktionierenden Weltgesetzes stehe. Sie nannten dies »Logos« und leiteten daraus unter anderem auch die Lehre von der Vorse-

hung ab. Das Judentum hat diese Größe mit der Weisheit Gottes identifiziert, der Prolog des Johannes-Evangeliums bezieht sie ebenfalls auf Gott, aber identifiziert sie nicht mit Gott, sondern begreift sie als eine Macht »bei Gott« und »von Gottes Art«. Diese »Differenz« zu Gott (dem Vater) ist wichtig. Denn Gott wird so die treibende Kraft hinter allem und nicht einfach in die Weltvernunft aufgelöst. Es geht daher nicht nur um Intelligenz, sondern um »jemanden«, der sie will, der dieses Mobile in die Welt setzt.

Zweitens: Die menschliche Vernunft hat schon nach der antiken Stoa Anteil am Weltlogos. Weil daran etwas Wahres ist, deshalb können Menschen wohl überhaupt bis zu einem gewissen Maße Natur verstehen und dieses Verständnis in der Technik anwenden. Die sogenannte Nomik bedeutet ja eine gewisse prästabilierte Harmonie zwischen menschlichem Geist und Naturgesetz. Der menschliche Geist »kann« Natur erfassen, weil er viel von dem »in sich hat«, was auch in der Natur wirklich ist.

Diese Verwandtschaft bedeutet gleichzeitig auch einen potentiellen Mangel an Objektivität. Denn weil es um dieselben Strukturen geht, kann es sich immer nur um Vergleichen und Wiedererkennen handeln, aber nicht um »Objektivität«.

Diese Nomik und rationale Grundstruktur bedeutet auch Messbarkeit und Zahl.

Der Satz »Du hast alles nach Maß und Zahl und Gewicht geordnet« ist einer der erfolgreichsten der Bibel im Mittelalter. Denn in der Mathematisierbarkeit der Welt erschloss diese sich zugleich als der bewundernswerte Hinweis auf die ordnende Vernunft Gottes. Man vergleiche auch 4 Esra 4,37: »Und mit dem Maß hat er die Zeiten gemessen und mit der Zahl die Zeiten gezählt, und er wird nicht in Bewegung setzen (syr., äth., georg.: er wird nicht ruhen) und er wird nicht aufwecken, bis dass erfüllt ist das vorhergesagte Maß.« Aus diesem Text geht hervor: Auch die Maßangabe ist eine geschichtstheologische »Prädestinationsangabe« ganz ähnlich dem »Vollmaß des Alters Christi«. Denn »Geschichte, bis das Maß voll ist«, be-

deutet: Wie alles Geschaffene, so ist auch die Geschichte ab-
gemessen. – Ähnlich das Freer-Logion (Übers. Berger/Nord,
S. 681): Der Messias sagte: »Das Maß der Jahre, in denen der
Satan herrschen kann, ist schon voll. Doch anderes Schreckli-
ches kommt auf euch zu …«

Der alte Hymnus *Veni creator spiritus* (»Komm, Schöpfer
Geist …«) verdeutlicht, wie tief das Gesagte bis in die christliche Frömmigkeit hineinreicht. Denn jetzt, in der Gegenwart, beten Christen, der Geist, der alles und auch sie selbst
erschaffen hat, möge auch in ihr Herz einkehren. Er ist *fons
vivus, ignis, caritas,* also Lebensquell, Feuersglut und Liebe.

Die Menschen, hier exemplarisch dafür: die Christen, wissen
sich damit in einer einzigartigen Beziehung zum Schöpfer,
zum Anfang aller Dinge, stehend.

Die Konsequenzen

Wenn, wie oben angedeutet, gilt,
- dass zwischen Materie und Geist kein ontologischer Unterschied besteht,
- dass Personalität mit der Fähigkeit zu hören, zu antworten
  und zu verändern neben anderen komplexen Systemen steht,
- dass Erschaffen wesentlich Ordnen ist,
- dass die Schöpfungsgeschichten mit dem zeitlichen Ablauf
  eine zeitlose Hierarchie begründen,
- dass im biblischen Gottesbild Weltvernunft (Logos) den
  Blick auf Liebe freigibt, weil Gott letztlich Liebe ist,
- dass menschliche Vernunft und Dinge gemeinsam an einem Weltgesetz teilhaben,

dann sind folgende Konsequenzen daraus möglich:

Erstens: Die Schöpfung besteht nicht nur darin, dass einzelne
Arten oder Dinge erschaffen werden, sondern vor allem in der
»intelligenten« Etablierung komplexer Systeme.

Zweitens: Ein solches System ist nicht nur die Weltvernunft selbst, daran Anteil hat auf kreative Weise auch die menschliche Vernunft, zumindest im Sinne kreativen Nachvollzugs.

Drittens: Auf einer Reihe von Stufen finden wir das Prinzip des »irreduzibel komplexen Systems« wieder, und zwar in analogen Formen. Es findet sich bei der Weltordnung im Ganzen, bei vielen Einzelwesen (zum Beispiel bei Bakterien und ihrem Elektromotor), im Organismus des Menschen, in diversen Kulturen. Schließlich ist auch das »Miteinanderleben in Gerechtigkeit« nichts anderes als ein komplexes System. Diese Zielvorstellung wird auch »Liebe« genannt. Dieses ist wohl der wichtigste Baustein unseres Entwurfs.

Viertens: Wir folgen dem aristotelisch-scholastischen Grundsatz »Alles, was handelt, bringt etwas hervor, das ihm ähnlich ist« *(omne agens agit sibi simile)*. Das heißt: Eigenschaften des Hervorbringenden übertragen sich auf das Hervorgebrachte. Das Verhältnis zwischen Gott und Welt wäre demnach *nicht* so aufzufassen, als sei Gott gegenüber der Welt der in jeder Hinsicht ganz Andere.

Wie Schöpfung vorzustellen ist

So könnte man sich daher die »Schöpfung« denken: Gott selbst ist die Macht der Liebe, die Kraft, Unterschiedliches in Einheit zu bewahren. Sein Logos ist als Weltvernunft einerseits Abbild Gottes, andererseits schon umsetzbarer Entwurf dessen, was das heißt, dass Unterschiedliches in einem zusammenwirkt. Die Schöpfung besteht darin, dass große und kleine Systeme nach diesem Abbild ineinander lagernd und andere umgreifend realisiert werden.

Weil Ordnen am biblischen Schöpfungsbegriff das Wichtigste ist, deshalb kommt Gottes Ordnen so nahe an das Erstellen komplexer Systeme heran.

Die Schöpfung findet ihr Ziel, indem sich auch unter Menschen die Weltvernunft kreativ durchsetzt. Das geschieht mit dem Ziel der Liebe. Das, was überall sonst als System bereits gegeben ist, muss im Zusammenleben der Menschen erst noch erreicht werden. Dass die Gerechtigkeit unter Menschen der Vollkommenheit der Weltvernunft entsprechen möge, war schon der Wunschtraum der alten Israeliten. Als man im Frühjudentum die Astronomie kennenlernte, hat man immer wieder darauf verwiesen, wie vollkommen »gehorsam« die Himmelskörper ihre Bahnen ziehen – nur der Mensch sei eben noch die bedauerliche Ausnahme.

Was die Theologen »Gott« nennen, ist zugleich Intelligenz, Macht und Liebe. Dieser Gott ist personhaft, wie ja auch die ganze Schöpfung Spuren rationaler Strukturen enthält.

Das Geheimnis Gottes enthält in sich unentfaltet die Verschiedenheit aller Dinge als Einheit. Am Ende geht es nicht einfach um zyklische Wiederherstellung dieser Einheit, sondern um ihre Entfaltung in die Vielheit von Personen, die trotz dieser Vielheit – und damit Verschiedenheit – in Versöhntheit miteinander leben.

Wichtig ist, dass die Weltvernunft als Schöpfergeist am Ende in den Geist qua entfaltete Liebe mündet.

Wie aber soll man sich nun das schöpferische Tätigwerden Gottes vorstellen? Gewiss nicht nach Art eines bastelnden Handwerkers oder nach Manier des Zauberers. Ich denke, dass sehr Wesentliches immer an der Möglichkeit oder Unmöglichkeit scheitert, sich hier etwas »vorzustellen«. Halten wir fest: Gott ist unsichtbar, und die Vorstellung irgendwelcher Handgriffe verbietet sich. Schon die Bibel lehnt die Vorstellung ab, alles sei zugleich dagewesen. Von der Bibel übernehmen wir die Vorstellung aufeinander folgender Akte der Entstehung (mit unbekannten zeitlichen Zwischenräumen). Die Abfolge dürfte im Großen und Ganzen etwa der in der Bibel angegebenen entsprechen.

Und man muss auch sagen: Schöpfungsakte im Bereich des Lebens vollziehen sich im Bereich der Moleküle und Gene. Also wird es der Bereich von Zeugung und Trächtigwerden oder Schwangerschaft sein, in dem sich Derartiges vollzieht. – Wenn das Neue Testament auch für die Entstehung Jesu mit einem Schöpfungsakt als Zeugung rechnet, trifft es mit erstaunlicher Sicherheit genau das Feld, in dem Gott schon immer in der Geschichte des Lebens schöpferisch tätig war. Die Entstehung neuer komplexer Systeme ist also eine Sache der Mikrobiologie. Gottes Wirken vollzieht sich demnach hier extrem »leise« und »klein«. So stelle ich mir Schöpfung im Einzelfall vor: Durch unsichtbaren Eingriff Gottes entsteht mehr oder weniger plötzlich ein funktionierendes komplexes System. Es ist darin seinem Schöpfer ähnlich, dass dieser selber unentfaltete Einheit des Verschiedenen ist.

Abgesehen davon ist besonders die – in dieser Form spätere – Lehre von der Dreifaltigkeit, die die »Liebesbeziehung« von drei innergöttlichen Personen entfaltet, dazu geeignet, diese These zu stützen. Denn dieser Lehre zufolge ist in Gott selbst ein komplexes System anzunehmen. In einer trinitarisch ausgerichteten Schöpfungslehre wird dem Grundsatz der Ähnlichkeit des Geschaffenen mit dem Urheber noch auf besondere Weise Rechnung getragen. Nicolaus Cusanus versuchte zum Beispiel diese trinitarischen Strukturen an jedem Einzelding der Schöpfung zu erweisen.

In jedem Fall gilt: Der Schöpfer setzt in die Welt, was ihm ähnlich ist. Diese Ähnlichkeitsbeziehung gilt übrigens schon nach frühesten Briefen des Christentums für die Ähnlichkeit zwischen Vater und Sohn, und zwar gerade auch im Blick auf die Welt (Kolosser 1,15f: *Er ist Gott, den niemand je sah, wie aus dem Gesicht geschnitten. Er ist der erste Sohn, vor aller Schöpfung. [16] Denn durch ihn wurden alle Dinge im Himmel und auf Erden geschaffen …*)
Muss sich bei geschlechtlicher Vermehrung die Neuschöpfung zweimal vollziehen? Oder geht es darum, dass sich der »Sprung« in die andere Qualität bei der Vermehrung erbdominant fort- und durchsetzt?
Im Zusammenhang damit steht auch die Frage, wie Gott bei der Erschaffung der einzelnen Menschen aktiv werden soll.

Antwort auf die Forschungssituation

Im Blick auf die Forschungsdiskussion vereint Nicolaus von Cues († 1464) in sich den Ansatz des Mystikers und Naturphilosophen mit dem Grundproblem der Evolutionsforschung. In seiner Konzeption der Harmonie der Gegensätze kann der Cusaner als ein Vorläufer moderner Systemtheoretiker gelten. Da er gleichzeitig Theologe ist, bestimmt er Gott als Schöpfer und Einheitspunkt aller gegensätzlichen Faktoren in der Welt. Durch die Herstellung des Friedens unter den Religionen wird die kreatürliche Verschiedenheit, was die Menschen betrifft, wieder eingesammelt. – Andererseits geht es um die Grundproblematik der Entstehung der Arten. In Wirklichkeit ist damit wohl die Entstehung von Organen und der Interdependenz in Organismen gemeint. Wenn Gott selbst die Kraft zur Liebe in der Einheit der unentfalteten Gegensätze ist, dann bedeutet Schöpfung, dass er immer wieder Beziehungssysteme schafft, die ihm darin ähnlich sind.

Neue Schöpfung?

Man könnte das, was das Johannes-Evangelium die Abfolge von Logos und Liebe nennt, mit Hilfe paulinischer Begriffe als die »erste Schöpfung« und die »neue Schöpfung« bezeichnen. An der paulinischen Unterscheidung zwischen dem ersten Adam und dem zweiten Adam wird noch deutlicher, dass es sich wirklich um einen zweiten Anlauf Gottes zur Schöpfung handelt. – Bei beiden Theologen hat übrigens die neue Schöpfung ihre christologische Dimension. Wer um den »Schöpfergeist« bittet, gibt dem Jesus-Ereignis auch eine pneumatologische Dimension. Denn in allen Fällen ist es »derselbe«, der in Personalunion Schöpfung und Erlösung miteinander verknüpft.
Wenn man hier von »Gottes zweitem Anlauf« spricht, dann geht es um die schlechthin absolute Bedeutung Jesu Christi

(und der an seine Auferstehung anschließenden Sendung des Geistes) für das Geschick der ganzen Welt. Aber es geht auch darum, dieses Ereignis in seiner Bedeutung an der Schöpfung zu messen.

SYNCHRONISMUS

Direkt analog zur Frage nach der Entstehung komplexer Systeme ist die Frage des Synchronismus. Denn auch hier geht es um ein im Nachhinein als höchst sinnvoll erkanntes, aber in seiner Entstehung völlig unerklärbares komplexes Zusammentreffen. Ich möchte sagen: Was für den Naturwissenschaftler das Problem der komplexen Systeme ist, das ist für den Historiker das Phänomen der im Nachhinein als sinnträchtig erkennbaren Synchronismen.

Die scheinbar zufällige Überschneidung von Ursachenketten zu einem bestimmten Zeitpunkt und an einem bestimmten Ort, und zwar mit bestimmten Personen, ist eines der großen Rätsel, das immer wieder bei der Diskussion um Schicksal und Zufall sichtbar wird. Zum Beispiel: Das »zufällige« Zusammentreffen zweier Menschen bedeutet für beide eine Lebenswende und hat in der Folge historische Konsequenzen. Oder: Der Schnupfen eines Feldherrn entscheidet wesentlich den Verlust einer Schlacht mit weltgeschichtlichen Folgen.

Unsere These bezüglich der Synchronismen wird lauten: »Gott siebt.« Das heißt: Synchronismen gibt es immerzu. Die meisten verwelken, nur eine aus einer Million wird mittelfristig wichtig, wie wenn in einem Sieb nur der größte Brocken zurückbleibt. Langfristig für ein Leben bleibt nur weniges bedeutsam.

Ist auch Gottes Sieben ein intelligentes System – oder zielt es auf ein solches, und zwar besonderer, eben biographischer Art? Ist Gottes Fügung in diesem Sinne auch schon dabei, wenn bei einer Zeugung aus Millionen Samenzellen ein paar auf je ein Ei treffen und dann eines, ein besonderes überlebt, das dann so von Gott gewollt ist? Bin ich auf diese Weise von Gott gewollt?

Ginge es nur um Materie, dann wäre die Geschichte lediglich einem Behälter mit Kugeln vergleichbar, der platzt, und die Kugeln rollen in beliebige Richtungen – kausal bedingt, aber ohne Sinn. – Doch wenn unser Ansatz zutreffend sein sollte, dann geht es in der Geschichte (des Lebens und alles Lebendigen) nicht um bloßes Auseinanderrollen von Kugeln, sondern um den ideenträchtigen Geist. Dann lassen sich im Nachhinein immer bestimmte Spuren des Sinnhaften verfolgen.

Das »Geheimnis des Synchronismus« umfasst die von keiner Kausalitätsforschung beantwortbare Frage, wieso Kausalreihe x gerade zum Zeitpunkt a mit der Kausalreihe y zusammentreffen »musste«. Jede Kausalreihe für sich ist lückenlos erklärbar. Nur wieso ausgerechnet zum Zeitpunkt a beide aufeinander trafen, bleibt Geheimnis. Etwas oder jemanden scheint es geben zu müssen, der in der völligen Unüberschaubarkeit der Situation, die so oder so enden, die »kippen« oder gelingen kann, die Führung übernimmt und zum herrschenden Faktor der Situation wird. Dabei geht es nicht um Gott als Lückenbüßer für die Erklärung von allzu schwierigen Situationen. Vielmehr geht es mir nur um die Auslegung und Vertiefung von menschlichen Erfahrungen, die an dieser Stelle entweder von »Schwein gehabt« reden oder von Gottes Fügung. Dient Religion hier nur der Reduzierung der Komplexität, das heißt der bündigen Abkürzung eines sonst allzu aufwendigen Verfahrens des Nachdenkens und Nachforschens? Ist das vulgäre deutsche »Schwein gehabt« nicht nur die säkularisierte Form dieser energischen Reduktion von Komplexität? Aus meiner Sicht geht es um wirkliche Geheimnisse. Denn Grübeln und Nachforschen bringt, wie erwähnt, nur Kausalreihen zutage, nicht aber deren Zusammentreffen.

Kann man sagen: Gott siebt?

Nun treffen stündlich Kausalreihen aufeinander. Könnte es sein, dass Gott nicht ständig alles dieses produzieren muss und will, sondern dass er im Wichtigeren und Besonderen fügt? Könnte es also sein, dass Gott siebt? Ich diskutiere hier *nicht* Fälle wie diesen: Gerade in dem Augenblick, da ich das Haus verlassen will, fängt es an zu regnen (was ziemlich oft geschieht).

Früher hat man gesagt: Gott würfelt (oder auch nicht), um dem Zufall einen theologischen Anstrich zu geben oder um ihn zu bestreiten. Ich versuche ein anderes Bild: Aus tausend Zusammentreffen von Kausalreihen siebt Gott einen Fall heraus, in dem er die Richtung bestimmt.

Wahrnehmen kann ich erst viel später, dass hier etwas war, das zum Beispiel dem Leben eines Menschen eine andere Richtung gegeben hat. Gott siebt, indem er nicht jedes Zusammentreffen von Kausalreihen zur Chefsache macht, aber manches. Gewiss können das oft Kleinigkeiten sein wie der berühmte Schnupfen des Feldherrn in Leo Tolstojs »Krieg und Frieden«. Lange Zeit später kann man dann erkennen: Hier war eine Führung, und man kann Gott dafür danken oder darüber klagen. Dank und Klage sind die Weisen, in denen Menschen an solchen Fügungen der Geschichte beteiligt sind.

Nun kann man ohne Zweifel gegen das Modell des siebenden Gottes vielerlei einwenden. Man sollte aber beachten: Synchronismus ist ein unaufhellbares Geheimnis. Das ist die Vorgabe. Wir wissen nicht, wie die Dinge zusammenkommen. Aber manchmal kann man sagen: Hier ist mehr als nur ein Sich-Kreuzen von Kausalreihen.

Man kann dies sagen, man muss es nicht, denn zu Aussagen über den Sinn des Ganzen kann man niemanden zwingen.

Wohlgemerkt: Es geht nicht um Verursachungen (Kausalreihen), sondern um das Zusammenführen und -fügen von Verursachungen. Fügung und Kausalität sind daher zu unterscheiden. Zu bemerken ist auch, dass neben diesen so beschriebenen »Fügungen« auch andere Weisen der Wirkung Gottes stehen können, etwa Wunder, die hierdurch nicht schon erfasst sind. – Das Zusammenführen und -fügen entspricht aber dem Einheit Stiften und Einigkeit Stiften, das wir als Merkmal des Willens und Wirkens Gottes in der Geschichte herausstellen werden.

Es muss auch klar sein, dass es sich hier nicht um eine wissenschaftliche Darstellung des Wirkens Gottes handelt. Vielmehr geht es um den Versuch, Glauben nach der Schrift, Wissenschaft, menschliche Erfahrung und das Lebensgefühl des modernen Menschen möglichst zueinander zu bringen. Es kann sich nur um menschliche Vorstellungen handeln, die das Geheimnis durchaus als bleibend anerkennen.

Gewiss liegt das Problem darin, dass nicht alle Vorgänge, sondern nur extrem wenige einen Sinn erkennen lassen. Das meiste verwelkt, und das ist nun allerdings bei jeder Zeugung auch der Fall. Ist diese überraschende Übereinstimmung beim Verwelken von Synchronismen und von Samenzellen vielleicht ein Hinweis auf eine tieferliegende, sehr verschleißungsintensive intelligente Strategie?

Wir vergleichen hier Äpfel mit Birnen: den biologischen Vorgang verwelkender (im Nachhinein überflüssiger) Samenzellen und (im Nachhinein) überflüssige Synchronismen in der Geschichte. Es könnte sein, dass Natur und Geschichte hier einem ähnlichen Prinzip gehorchen.

Das Verwelken überschüssigen Samens ist jedenfalls ein deutlicher Hinweis auf eine bestimmte »Strategie der Natur« oder des Weltenlogos, der in der Natur erkennbar wird.

So ergibt sich hier ein Ausblick auf die Geschichtsphilosophie. Wie viele Millionen Blüten hat ein Kirschbaum, wie viele Samen sind in einem Zeugungsakt, wie viele Millionen Menschen leben, um einer Epoche ihre Prägung zu geben?

Paulus hat den Gedanken wohl gehegt, dass viele Generationen von Menschen auf dem Weg zu einem bestimmten Ziel in der Geschichte ganz einfach »verbraucht« werden. Das Wort »verbrauchen« ist anstößig, aber anstößig ist auch das, was Paulus formulierte, als er in Römer 9 über die nicht an Jesus glaubenden Juden nachdachte, von denen er überaus kühn sagen konnte: *Hat nicht ein Töpfer das Recht, aus seinem Ton zu machen, was er will – Tafelgeschirr oder Nachtgeschirr? (22) Gott darf seinen Zorn wie auch seine Macht an dem zeigen, was er schafft. Einerseits erschafft er in Wut misslungene Gefäße, die zum Zertrümmern gedacht sind, und erträgt sie noch dazu in Großmut* (Römer 9,21f). Denkt nicht auch Paulus hier daran, dass eine ganze Generation (wir müssten sagen: viele, viele Generationen) regelrecht verbraucht (darf man sagen: verschlissen?) wird? Und zwar nur dazu, auf dass in dieser Zeit an dieser Stelle im Gottesvolk (im Bild des Ölbaums) Platz geschaffen wird für die Heiden im Gottesvolk, wie Paulus sich das vorstellt? – Paulus kannte noch nicht den Epochenbegriff. Aber er meinte zweifellos etwas Ähnliches, wenn er eben seine Gegenwart deutlich kennzeichnete als die Phase der Hinzunahme der Heidenchristen.

Verläuft der große Weg der Geschichte nicht so, dass über Millionen von einzelnen Leben hin, deren jedes seinen einmaligen Charakter hat, sich bestimmte Wandlungen, Prägungen, Gestaltwerdungen vollziehen?

An dieser Stelle ist ein Ideologieverdacht abzuwehren, der in einer ganz auf den Einzelnen und sein Glück ausgerichteten liberalen modernen Gesellschaft aufkommen kann. (Dieser Einstellung der modernen Gesellschaft haben wir wohl überhaupt zu verdanken, dass eine Geschichtstheologie, die diesen Namen verdient hätte, fehlt.) Der Ideologieverdacht lautet auf ein den Einzelnen verachtendes faschistoides Geschichtsbild, nach dem nur die großen Massenbewegungen »zählen« und Gegenbewegungen und -regungen zu kurz kommen. Doch der Blick auf das vielen Gemeinsame muss erlaubt sein, und ohne eine allgemeinere Geschichtsdeutung wird man nicht auskommen, vorausgesetzt, man betont, dass die gefundenen Kategorien nur als Diskussionsbeiträge zu verstehen sind. Man wird wohl sagen können, dass sich an großen Massenbewegungen und typischen (!) Einzelgestalten eine Möglichkeit bietet, die Geschichte übersichtlich zu ordnen. Diese hat nur die Funktion, bestimmte Umrisse des Wirkens Gottes in der Geschichte leichter zu erkennen. Es geht nicht um die Rechtfertigung von Krieg und Gewalt oder all des anderen Bösen, das Menschen in der Geschichte verübt haben. Für Christen kommt den Widerstandsbewegungen und Märtyrern besondere Bedeutung zu.

Intelligente Selbstorganisation?

Nun könnte man fragen, ob es denn einen großen Unterschied mache, ob die Natur sich auf intelligente Weise selbst organisiert oder ob Gott immer wieder »siebend« eingegriffen hat. Diese Frage erhebt sich vor allem, weil das Ziel in jedem Fall die Ordnung oder Organisation funktionierender mehr oder weniger großer Systeme gewesen ist.

Nun ist dies gerade das Problem im naturwissenschaftlichen Feld der Diskussion, ob zum Beispiel der Erwerb der für das Funktionieren einer Bakterie notwendigen Proteine zufällig gewesen ist.

Zwar könnte es sein – auch wenn dies eine unbegründbare Spekulation ist –, dass man eines Tages Mechanismen der Selbstorganisation findet. Bis dahin aber nehmen wir an, dass es sich hier um ein typisches Feld der Wirksamkeit Gottes handelt, nämlich um das Erschaffen neuer Arten.

Personalität Gottes?

Wir sind davon ausgegangen, dass in jedem Fall bei der Erschaffung von Neuem nicht chemische Prozesse in ihrer Automatik, sondern intelligentere Vorgänge, also die Erstellung komplexer Arrangements, mithin das, was man »schöpferische Intelligenz« nennt, die Steuerung innehat.

Zu beachten ist freilich, dass wir dabei anthropomorph reden, orientiert an menschlichen Vorstellungen und an Wahrnehmungen an uns selbst. Das gilt auch für die Rede vom Schöpfergott als Person. Man kann nämlich fragen, ob der Schöpfer, wenn er die Welt sich selbst ähnlich als ein komplexes System schafft, wenn er selbst also die unentfaltete Einheit der Gegensätze ist, noch als Person vorstellbar ist oder nicht. Dieselbe Frage kommt von der anderen Auskunft her auf, Gott sei »Kraft« oder »Intelligenz«, an der die Welt teilhabe. Muss demgegenüber seine Personhaftigkeit »gerettet« werden? Kann eine solche Urkraft, auch wenn sie »Liebe« ist, sprechen, kann man zu ihr beten?

Da Gott unfassbares Geheimnis ist, kommt man nur dann weiter, wenn man zu jedem erschlossenen Attribut hinzusetzt »und mehr als das«. Denn Gott ist immer größer, umfassender und unfassbarer als alles, was man von ihm aussagen kann. So kann man auch sagen: Wenn er der ist, in dem jegliche Liebe gründet, dann ist er mindestens so etwas wie eine Person, ist er eine Person und ist mehr als eine Person.

Daher bietet die jüdisch-christliche Vorstellung von Gott als Person für die Annahme, Gott habe die Welt als System ihm ähnlich erschaffen, keine Probleme. Man kann sagen: Sofern Gott sich in seinem Logos, in seiner Weltvernunft, offenbart, haben die Menschen in ihrer Vernunft daran Anteil. Und sofern er Liebe ist, haben die Christen als Kinder des Vaters Anteil an ihm.

Fügung

Unter »Fügung« verstehen wir in diesem Zusammenhang ein zumindest biographisch (wenn nicht geschichtlich) zumindest für einen (wenn nicht für alle) Beteiligten wichtiges Zusammentreffen an bestimmtem Ort zu bestimmter Zeit. Dieses geschieht als Interaktion in einer zumindest anfänglichen Beziehung. Diese Fügung lässt als »intelligentes Arrangement«

Gottes Handschrift im Nachhinein erkennen. Wenn man sagt, Gott sei der, der den roten Faden zwischen Menschen knüpfe, dann ist das nicht nur kommunikativ, sondern auch in dem Sinne gemeint, dass Religion immer die Funktion zukommt, den roten Faden in einem Menschenleben zu entdecken, zwischen Menschen und Generationen offenzulegen und darzustellen. Den roten Faden entdecken zu können, das bedeutet dann, Sinneinheit geschenkt zu bekommen, Einheit, Zusammenhang und Sinn in einer Biographie zu entdecken.

Auf der höheren Ebene der neuen Schöpfung nennt man das hier Dargestellte ein Pfingstwunder. Denn die Funktion des Heiligen Geistes ist es nach dem Pfingstbericht, zu bewirken, dass die Menschen einander verstehen konnten. Die verschiedensprachigen Adressaten der Botschaft verstanden diese jeder in seiner Sprache. Das heißt: Zu Pfingsten bewirkte die Herabkunft des Heiligen Geistes in besonderer Weise das, was Gott je und je in gewichtiger Begegnung zwischen Menschen wirkt: Einigung durch das einander Verstehen.

Dass dieses Fügen Gottes sich auf der Ebene der Neuen Schöpfung analog wiederholt, entspricht dem, was auch sonst von der Neuen Schöpfung gilt: Sie ist ein neuer, besonders intensiver Anlauf Gottes. Die Gaben des Neuen sind aber immer Gaben des Lebens und der Liebe.

Schon die nicht-christlichen Menschen der Antike nannten das Entstehen einer Freundschaft oder Liebesbeziehung göttlich, wie die zahlreichen Darstellungen des Gottes Amor bis heute eindrücklich (und verkitscht) zeigen.

Ergebnis

Für unsere Frage nach der »Fügung« (Gottes) erbrachten unsere Überlegungen: Gott wirkt in besonderen Ereignissen, wie man aber immer erst nachher weiß. Dabei handelt er so, wie wir es auch sonst aus der Schöpfung kennen: Er baut ein komplexes »Spiel« zwischen mehreren Faktoren auf. Ursprung dieses Tuns ist Gott als Liebe, letztes Ziel ist die Einheit der Menschheit als Gemeinschaft in Liebe.

Auch wenn es sich eines Tages herausstellen sollte, dass es sich um kreatürliche (immanente) systembildende Faktoren handelt, so wäre doch Gott als der, der diesen wunderbaren Mechanismus ins Dasein rief, besonders zu loben.

Wenn Gott als Gerechtigkeit (Logos) und am Ende und letztlich als Liebe (Vater) verstanden wird, der eben auch als Schöpfer immer wieder Dinge und Menschen zu einem ausbalancierten Miteinander zusammenführt, dann zeigt es sich, wie misslich der Versuch Hegels war, Religion auf private Gefühle abzudrängen.

Transzendenz und Immanenz

Der Gegensatz von göttlicher Transzendenz und innerweltlicher Immanenz ist nicht biblisch oder patristisch. In den ersten christlichen Jahrhunderten ist selbst die Vorstellung nur selten (Augustinus), die Begrifflichkeit ist erst scholastisch. – Im Deutschen entspricht dem zusätzlich die unglückliche Begrifflichkeit von Diesseits und Jenseits. Allemal vorzuziehen ist dem der biblische Gegensatz von Schöpfer und Geschöpf, dazu die Auffassung, dass das Geschöpf von sich aus den Schöpfer nicht erreichen kann. Der Gegensatz von Transzendenz und Immanenz verführt immer wieder zu der Annahme, Gott gehöre gar nicht zur relevanten Wirklichkeit, sondern zu einer fernen Meta-Wirklichkeit. Sofern die Transzendenz-Vorstellung dahin führte, war sie sicher unbiblisch. Denn der Gott der Bibel ist zwar unsichtbar, aber nicht fern, er ist eine besondere Wirklichkeit, aber zugleich das Wirklichste, was es gibt, voller »Lust und Tatendrang, in diese Welt einzugreifen«, und deshalb nicht irgendeine Hinter-Wirklichkeit im Jenseits.

Kurzum: Das Modell von Immanenz und Transzendenz betont zu Recht die Unerreichbarkeit Gottes durch alles, was der

Mensch von Natur aus besitzt. Aber es entspricht nicht dem Wirken des Offenbarungsgottes in der Welt und leistet dem Deismus Vorschub. Es sagt Richtiges über den Menschen, aber es ignoriert die Nähe Gottes zum Menschen und sagt daher über Gott, was nicht dem Evangelium gemäß ist.

Gerade weil es aber bei der Rede von Gottes Fügung um das sehr hautnahe Verhältnis Gottes zur Schöpfung und besonders zur Geschichte geht, ist für uns das Schema Transzendenz versus Immanenz nicht hilfreich.

Das verhängnisvolle Zusammentreffen

Die spiegelbildliche Kehrseite des von Gott gefügten Zusammentreffens nennen wir »verhängnisvoll« und bringen schon mit der Wahl des Wortes zum Ausdruck, dass nach gewöhnlicher Einschätzung eine höhere Macht eben das verhängt hat, unter dem wir dann leiden. An den Auswirkungen eines solchen Ereignisses, die sich ebenfalls erst später zu zeigen pflegen, erkennen wir, dass es sich um etwas gehandelt hat, das Leben zerstörte. Oft sieht etwas zuerst gut aus und endet dann elend; die überaus zahlreichen Ehescheidungen lassen erkennen, wie oft gerade zuerst gut Scheinendes dann doch zumindest später zu Elend wird. Daher kann man dann sagen: »Ach, hätte ich den Typen doch gar nicht erst kennengelernt.« – Hatte Gott auch solches alles gefügt – inklusive Spätfolgen?

Verläuft alles nach Gottes Plan?

Hat Gott einen Plan, nach dem unser Schicksal abläuft? Hat nicht Gott, allwissend und allmächtig, alles zuvor geplant, so dass der Mensch da ohnehin »nichts machen« kann? Liegt hier nicht das geheime Einverständnis zwischen Islam und Resten germanischen Schicksalsglaubens?

Auf diese Frage werden wir in diesem Hauptteil unserer Studie antworten. Unsere These: Man muss unterscheiden zwischen dem, was Gott will, einerseits und dem, was in der bestehenden Schöpfung nicht anders geschehen kann und was daher notwendig ist, andererseits. Diese gewissermaßen der Schöpfung immanente Notwendigkeit ist ein Merkmal der unvollkommenen Ersten Schöpfung. Gottes eigentlicher Wille und seine eigentliche Absicht sind davon gründlich zu unterscheiden.

GESETZMÄSSIGKEIT IN DER GESCHICHTE

Ein eigenes Feld

Unsere Frage ist daher: Gibt es etwas Drittes zwischen den beiden Positionen, dass entweder jede kleinste kontingente (in Raum und Zeit vorkommende) Tatsache von Gott her kommt oder dass alles mehr oder weniger Zufall ist?

Und wir antworten: Es gibt dieses Dritte; es ist ein ganz eigener Bereich, der bisher als Teil der biblischen Auffassung von Zeit und Wirklichkeit noch nicht ernsthaft wahrgenommen wurde: der Bereich der Geschichte mit einer nur ihm eigenen »geschichtlichen Gesetzmäßigkeit und Gerechtigkeit«, ein Zwischenbereich, in dem es weder um Zufall noch um wunderhaft von Gott Gewirktes geht.

In gewisser Analogie dazu finden wir bei Thomas von Aquin die Unterscheidung zwischen der »Ordnung der Natur« und der »Ordnung der Gerechtigkeit«. »Ordnung der Natur«, das sind die Naturgesetze, die hier jedoch außer Betracht bleiben. »Ordnung der Gerechtigkeit«, das ist der ganze Bereich, in dem Gerechtigkeit notwendig ist, also der des menschlichen Zusammenlebens. Freilich spielt die Dimension der Geschichte bei dieser Unterteilung des Thomas keine Rolle.

Die traditionelle Antwort

Die unreflektiert konservative Position pflegt die oben gestellte Frage tendenziell so zu beantworten: Alle Ereignisse sind festgelegt, und zwar in einem Plan Gottes. Dazu gehört, was ich morgen essen und anziehen werde, wie auch meine Sterbestunde. Jesus »musste« nach diesem Plan für unsere Sünden gekreuzigt werden. Hitler und Stalin »mussten« kommen. Auch ein Unfall mit dem Auto musste sein, es musste so kommen. – Weil Gott aber alles festgelegt hat, ist er in bestimmtem Sinne auch Urheber alles dessen, was geschieht. Wer die Dinge als notwendig festsetzt, entgeht nicht dem Verdacht, an der Ursächlichkeit beteiligt zu sein. – Hier ergibt sich vor allem das Problem der Grausamkeit Gottes. Je mehr man Gott für alles verantwortlich macht, umso unklarer und ambivalenter wird das Gottesbild.

Alles ist aufgeschrieben

In der Bibel und im weiten Umkreis des jüdischen und frühchristlichen Schrifttums aus der Antike ist die Vorstellung belegt, dass Ereignisse in Büchern himmlischer Art oder himmlischen Ursprungs zuvor aufgeschrieben sind. Auf den ersten Blick ist dies eine Verstärkung der eben geschilderten konservativen Position. Auf den zweiten Blick wird sich jedoch etwas ganz anderes, Eigenes ergeben, und hier sind wir aufgefordert, ein Stück des antiken Verständnisses von Wirklichkeit sorgsam zu rekonstruieren.

Man unterscheidet bei den Aussagen über (»Schicksals«-)Bücher dem Ursprung nach

– das Himmelsbuch der Astronomie. Wie die Astrologie liest man den nächtlichen Sternenhimmel als Buch, in dem Ereignisse verzeichnet sind;

– das Buch des Kalenders. Entsprechend den Perioden von Sonne und Mond werden Ereignisse auf bestimmten Kalenderdaten eingetragen. Dabei sind die Sabbatte von besonderer Bedeutung. Nach dem Jubiläenbuch ist die Geschichte der Welt und Israels so verlaufen, dass kein Festtag auf einen Sabbat fällt;

– das Gesetzbuch Gottes. Alles, was Gott von den Menschen fordert, hat Mose von einem himmlischen Buch abgeschrieben oder es wurde ihm von Engeln diktiert;

– das Geschichtsbuch. Alle Ereignisse der Geschichte, auch der zukünftigen, sind in einem Buch verzeichnet. Im apokryphen Buch der Jubiläen zum Beispiel wird Mose die ganze Geschichte Israels diktiert;

– ein himmlisches Sündenregister. Alles, worin sich die Menschen verfehlen, wird in einem himmlischen Buch aufgeschrieben. Als Schreiber wird bisweilen Henoch vorgestellt. Im Weltgericht wird nach dieser Vorlage geurteilt. Dann wird dieses Buch neben das der Gesetze gelegt;

– ein Buch mit den Namen derer, die Himmelsbürger sind, deren »Namen im Himmel eingeschrieben sind«.

In jedem Fall ist das »Buch« als »Buchrolle« vorgestellt (von der Art der heute noch bekannten Torah-Rollen oder wie die Jesaja-Rolle aus Qumran).

Außer diesen himmlischen Büchern gibt es insbesondere die Schriften der Propheten, die auf Erden entstanden sind, sowie überhaupt »alles, was geschrieben ist« (gemeint ist: in Gesetz und Propheten, sofern man diese beiden Schriftengruppen schon unterscheidet).

In der Frage, um welche Ereignisse es sich handelt, herrscht jedenfalls Klarheit darüber, dass es sich zumeist um die Strafgerichte Gottes handelt. Indem man sie als schriftlich verbürgt bezeichnet, schließt man jede Spekulation darüber aus, dass man vielleicht angesichts bestimmter Delikte davon verschont bleiben könnte. Ferner sieht man als durch alle Schriften verbürgt an die Erfüllung von Gottes Heilsverheißungen an Israel. Nach »allen Schriften« oder »allen Propheten« ist auch das Auftreten bestimmter Einzelfiguren in negativer wie positiver Funktion vorher festgelegt. Dazu gehören besonders Gog und Magog sowie Elia. Besonderes Merkmal dieser Redeform ist, dass Einzelbelege oder -zitate aus der Schrift nicht genannt werden. Besondere Brisanz erhält diese Redeform dadurch, dass sie im frühen Christentum auf das Kommen Jesu, dann besonders auf sein Leiden und seine Auferstehung angewandt wurde. Auch hier fehlen, wie in der allgemeineren Tradition, fast immer die Einzelnachweise, es handelt sich vielmehr der Gattung nach um einen »pauschalen« Schriftverweis. – Bisweilen wird auch einfach gesagt, »alles« sei vorhergesagt worden, auch »alles über Jesus«. Das ist dann freilich summarisch, nicht wörtlich zu interpretieren.

Es ist gut erkennbar, dass der weitere Rahmen, in dem diese Weise der theologischen Legitimation von Daten und Personen vorgenommen wird, die »Apokalyptik« ist. Das zu wissen ist wichtig, weil auch die Anwendungen dieser Redeform auf Jesus damit ihn selbst und die Ereignisse, die ihn betreffen, in den weiteren Rahmen der Endereignisse hineinstellen. Eng verwandt damit – und zum Teil überschneiden sie sich – sind Aussagen darüber, dass etwas notwendig geschehen »musste« oder »müssen wird«.

Zunächst zu den Texten, die sich auf die diversen Schriften berufen:

Der pauschale Schriftverweis

Was zunächst die Art der »Zitierung« angeht, so ist die Bandbreite der Ausdrücke sehr groß. Gemeinsam ist nur, dass es sich nie um eine konkret existierende Einzelschrift handelt, sondern immer um eine Schriftengruppe allgemein oder um etwas, das nur im Himmel existiert.

So sind als »Quellen« zu nennen: Mose und die Propheten; vierundzwanzig Propheten; alle meine (Gottes) Worte; sieben Tafeln kommen vom Himmel herab; das Buch des Gedächtnisses; wie geschrieben ist; nach den Schriften; erfüllt wird alles Geschriebene; alle Propheten und Seher; die Schriften im Himmel; so ist es geschrieben auf den himmlischen Tafeln; alle Propheten (haben geweissagt; sagen); alle Worte der Propheten; durch die Propheten ist gesagt; alle Geheimnisse der Worte der Propheten; die Worte der Propheten stimmen überein; wie der Herr durch alle seine Sklaven, die Propheten, gesagt hatte; himmlische Prophezeiung; das Buch der Heiligen; die Prophezeiung des Mose; der heilige Geist verkündet durch die Propheten alles; von den Schriften her darlegen; die Schrift der Wahrheit; die Tafeln des Himmels; vor Gott auf Tafeln angeordnet; Gottes Schrift; eine vorherbestimmte Schrift; eine notwendige Schrift; die Schrift Henochs; in den Büchern; Henoch fing an, aus Büchern zu erzählen; Tafeln des Seth; eine heilige Schriftrolle erschien; wie auf den Tafeln der Väter geschrieben ist; dies muss erfüllt werden zu seiner Zeit; alles, was Gott gesagt hat; alle Propheten aus dem Geist Gottes und alle Seher aus dämonischer Inspiration; wie unser Vater prophezeit hat; Schrift der Väter; zukünftige Geheimnisse;
Schriften des Eifers und Zorns; Gott lässt über X alles kommen, was er gesagt hat; wenn alles dies über sie kommt; die Geschichte Jerusalems war dort aufgeschrieben; wie du gelesen und gesehen hast, wird alles sein; alles dieses (was jeweils berichtet worden war).

Die derart angekündigten Ereignisse sind nach allen diesen Quellentexten durchgehend negative oder schreckliche Phänomene der Endzeit.

Solche Ereignisse sind: das Gericht, das Strafgericht über Israel; das Kommen von Gog; der Antichrist; was Israel zustoßen wird; das Leiden Jesu oder des Täufers; das Böse am Ende der Tage; das Schicksal der Sünder; die Zerstörung des Tempels; künftiger Abfall; Exil.

Seltener werden positive Ereignisse oder Figuren so einge-
führt und legitimiert. Regelmäßig geht es aber auch hier um
die Endzeit.

So sind zu nennen: die Gerechten der Endzeit; das Kommen des Elia;
die Heilsverheißungen Gottes; alle Geheimnisse der Worte der Propheten; der Messias Jesus; die Zeit, in der der Messias kommen sollte; die
messianischen Tage; das Lamm; die Auferstehung Jesu; alles Schlechte
… und alles Gute; das Hinabsteigen Jesu in das Totenreich; Geheimnisse; was verborgen war vor allen Propheten; Sion aus den Völkern versammelt; die Auferstehung; ein Weltherrscher aus Palästina; Kommen
des Gerechten; Kommen Gottes als Mensch; Jakobus der Herrenbruder;
die Herstellung aller Dinge.

Neutral, das heißt das Geschriebene weder positiv noch nega-
tiv wertend, ist folgende Stelle: »Die Propheten« haben über
Vergangenheit und Gegenwart gesprochen, uns aber auch an-
fangshafte Kenntnis der Zukunft gegeben (Barnabasbrief 1,7).
Auch der Zeitpunkt, wann etwas eintreffen sollte, spielt eine
Rolle; zumeist ist er verborgen.
Ein Mustertext zur Veranschaulichung des bisher Gesagten ist
der aus Höhle 4 von Qumran bekannte Text 4 Q 180: »Gott
hat eine Zeit gemacht, um zu vollenden alles Seiende und
Gewordene. Bevor er sie geschaffen, hat er (ihre) Tätigkeiten
festgesetzt, Zeitabschnitt um Zeitabschnitt. Und es ist einge-
zeichnet auf den Tafeln des Himmels für alle Zeitabschnitte
ihrer Herrschaftsausübungen. Das ist die festgelegte Ordnung
der Söhne Noahs von Sem bis Abraham ...« – Zur Erläuterung: Für das Ende der Geschichte hat Gott bestimmte Funktionen der Machtausübung festgelegt.
Wichtig ist, dass die moslemische Anschauung des Kismet
hier in der Apokalyptik ihren Ursprung hat. Man vergleiche
mit 4 Q 180 den Text Sure 57,22: »Nicht ereignet sich ein
Unheil auf der Erde und nicht an euch selbst, wenn es nicht in
einem Buch steht, noch ehe wir es erschaffen.«
Wir halten fest: Im Rahmen der Apokalyptik hat man geschichtstheologische Aussagen unter pauschaler Berufung auf

die »gesamte« Tradition gemacht. Freilich hat die Nennung »aller Schriften« jeweils nicht nur formal-legitimatorischen Charakter. Der reale Hintergrund ist zweifellos die Kultur der Schriftlichkeit bei der eigenen Wissensübermittlung und besonders der Aspekt der Wahrheit durch Nachprüfbarkeit anhand eines schriftlichen Dokuments. Eine Realgrundlage könnte auch die Tatsache sein, dass die Bücher des Alten Testaments durch die Geschichtstheologie der deuteronomistischen Redaktion eine relativ einheitliche Endgestalt erhielten (mit dem Schema Ungehorsam – Strafe – Umkehr) – oder überhaupt mit dem Deuteronomisten verwandte Versuche einer einheitlichen Theologiebildung über verschiedenen Dokumenten. Jedenfalls haben wir hier eine erste biblische Theologie vor uns.

Was notwendig geschieht

Neben dem pauschalen Schriftbeweis gibt es ein anderes, ganz paralleles Mittel, um Aussagen eine heilsgeschichtliche Würde zu verleihen. Das sind die Formeln »es ist notwendig« *(chre; chreon)*, »es muss (geschehen)« *(dei)*. Dabei ist öfter eine bestimmte Reihenfolge festgelegt (»zuerst muss x geschehen«). Diese Qualifizierung geschichtlicher Ereignisse ist nicht spezifisch biblisch, sie ist Allgemeingut antiken Denkens.
Die ältesten Belege sind bei dem griechischen Historiker Herodot (5. Jahrhundert v. Chr.) überliefert, der aufgrund von Träumen und Orakeln bestimmte Ereignisse als »notwendige« Geschehnisse einstuft. Neben ihm wird besonders bei den großen Tragödiendichtern so gesprochen. Den notwendigen Ereignissen (hier heißt es auch *anankaios*) kann niemand entrinnen. »Was geschehen muss, das wird auch geschehen«, heißt es bei den Tragikern. Es ist notwendig, alles Leiden zu erdulden (Sophokles), und auch den schönen Schein von Worten muss man ertragen können.

Ein besonderer Kontext ist auch die gerichtliche Notwendigkeit zu strafen. Der Frevelnde »muss« gestraft werden oder leiden, und zwar »wegen der Götter«, also um des gerechten Ausgleichs in der Weltordnung willen. Erst in diesem Zusammenhang sind Beschlüsse des Gerichts legitim. Bei christlichen Schriftstellern wird diese Notwendigkeit der Strafe auf das Weltgericht übertragen.

Herodot spricht einerseits von Gottheiten, die das Schicksal verhängen – aber das ist wohl eher redensartlich gemeint. Zum anderen sagt er, und das ist seine eigentliche Position, selbst eine Gottheit könne unmöglich dem Schicksal entrinnen. Denn mit ihren Taten und Folgen stehen die Menschen in einem Zusammenhang, der in seiner Geschlossenheit den Anschein erweckt, unausweichlich zu sein, und der deshalb vorhersehbar ist. Menschliche Machenschaften sind gegenüber dieser »präexistenten Tatsachenfolge« verfehlt, und Einzelhandlungen sind gerade in ihrer scheinbaren Zufälligkeit in größere geschichtliche Bewegungen und Zwangsläufigkeiten eingeordnet. Zumeist verwendet er dafür Ausdrücke wie »das, was geschehen muss«. Die höhere Ursächlichkeit, in der auch die »Zufälle« aufgehoben sind, besteht darin, dass alles so festgelegt ist und deshalb nicht anders sein kann. So kann er etwa sagen, nun sei »die Zeit gekommen gewesen, dass es dem X schlecht ergehen sollte«. Mutmaßlich ist die häufig verwendete Formel »es muss jemandem schlecht ergehen« durch die Orakelsprache geprägt – jedenfalls persiflieren spätere Autoren damit Herodot. Individuen wie ganze Völker werden durch bestimmte Notwendigkeiten getroffen. Tiefer in seine Geschichtskonzeption führen Sätze ein wie dieser: Es ist dem Menschen nicht möglich, seinem Geschick zu entkommen, denn es ist der Fluch der Wissenden, keinen Glauben zu finden. – Bisweilen stellt auch die Geschichte selbst Alternativen auf, die eine Notwendigkeit in der einen oder der anderen Richtung zur Folge haben. Und ein bestimmtes Maß an Bösem muss wohl jeder erleiden. Immer wieder sprechen Orakel von Notwendigkeiten, die der Mensch beim besten Willen nicht widerlegen und als falsch erweisen kann. Ähnlich ist es mit Träumen, die als »göttliche Rede« verstanden werden und in Erfüllung gehen müssen. So ist die notwendige Abfolge der Ereignisse dem Menschen nicht schlechthin verborgen, sondern in Orakel oder Vision erhält der Mensch Einblick, was der Geschichte umso mehr den Anschein der Zufälligkeit nimmt. Die Empfänger des Orakels wollen zwar häufig dem Spruch entgehen, doch am Ende triumphiert immer wieder die Wahrheit des Orakelspruchs. Die weitere Geschichte zeigt, dass Herodot bzw. die von ihm selbst auch schon verwendete Tradition der Traum- und Orakeldeutungen die entscheidenden sprachlichen und formgeschichtlichen Voraussetzungen für die Verwendung von »es muss geschehen« in der Apokalyptik des Judentums und des frühen Christentums geschaffen haben.

Historiker, die der Zeit des Neuen Testaments näher stehen als Herodot, übernehmen seine Art, über Notwendigkeiten zu reden (Lukian; Appian). Das ideale Bindeglied zur Apokalyptik sind Bücher mit Traumdeutungen, wie zum Beispiel das des Artemidor. Nach Artemidor entsprechen die Abfolgen in der Seele des Träumenden bestimmten äußeren Abfolgen. – Nach Theophrast empfängt man im Traum Belehrung über das, was man tun »muss«.

Ein Überblick über die Rede von der Notwendigkeit in der griechischen Klassik ergibt: Notwendig verteilt sind Glück und Unglück in der Menschheit, notwendig ist gerade das Nebeneinander beider. Daher kann es das geben, dass jemand leiden muss. Überdies ist der Mensch als Gattungswesen festgelegt und muss vieles aus dem Zwang der Natur heraus durchstehen. Dabei besteht eine enge Beziehung zwischen Geschick und Natur. – Schon in der Tragödie wird die Wendung »es muss geschehen« formelhaft gebraucht, bereits bei Sophokles im Mund von Wahrsagern und parallel zur Rede von der Notwendigkeit. Der Spruch des Sehers fordert nicht zur Tat auf, sondern verkündet unausweichliches Geschick. Im »Ödipus Rex« heißt es: »Ich muss den Vater töten und die Mutter heiraten.« Immer wieder geht es um das notwendige Leiden, auch im Blick auf ein darauf folgendes ruhmreiches Leben. Oft muss man leiden um eines Zieles willen, manches Leiden ist nicht vermeidbar, und in die Notwendigkeit zu sterben gelangt jeder. Plato bezeichnet damit die Notwendigkeit des Schicksals, andere nennen die Naturgesetzlichkeiten so.

Bemerkenswert ist: Die sich in der Geschichte ergebenden Notwendigkeiten werden weniger mit dem staatlichen Gesetz verglichen als vielmehr mit dem in der Natur herrschenden Gesetz. Diese Naturgesetzlichkeit bindet alle Teile der Natur unverrückbar. So heißt es bei dem Sophisten Antiphon (4. Jahrhundert v. Chr.), es sei gesetzmäßig bestimmt für Augen und Ohren, was sie tun und was sie nicht tun dürfen und können. Er rechnet auch mit den naturnotwendigen Folgen des Handelns: Die Handlungen selbst erscheinen als frei, die Folgen sind es nicht mehr. Unausweichliche Notwendigkeit ist es aber auch, dass es in jedem Staat Regierende gibt.

Eine theoretische Diskussion über die Notwendigkeit, die das gesamte Leben beherrscht, liefert Plutarch. Er geht aus von der häufig gebrauchten Formel »Das wäre doch nicht nötig« und widerspricht ihr. Vielmehr sei das ganze Leben von Göttern oder vom Schicksal oder von der Vorsehung in der Weise einer Gesetzgebung geleitet. Diese unverfügbare Gesetzgebung hat in bestimmter Hinsicht auch mit den Göttern zu tun, ist insofern mit ihrem Wirken identisch.

Weitere Belege finden sich in den hellenistischen Texten zur Traumdeutung. – So ist es nicht verwunderlich, dass sich der erste jüdische Beleg in der griechischen Fassung des Buches Daniel findet, wo es in 2,45 der Septuaginta-Fassung heißt, etwas »müsse geschehen«. Vielleicht in Anlehnung an Herodot gebraucht auch der jüdische Geschichtsschreiber Flavius Josephus oft die Rede von dem notwendigen Geschehen.

Vermittler zum palästinischen Judentum hin ist Flavius Josephus, der in Traumvisionen immer wieder erfährt, dass jemand bei ihm steht und über ein notwendiges Geschehen spricht. Als Kommentar zu einem Orakelspruch kann er sagen: Es ist dem Menschen nicht möglich, dem Notwendigen zu entfliehen. Ein Orakel des Propheten Jeremia kann er so umschreiben, dass es »notwendig geschehen werde, dass die Stadt vom babylonischen König abtrünnig werde …« Prophetien könnten den Menschen helfen, dass sie dem, was »geschehen muss«, nicht ungeschützt ausgeliefert sind, nur aus Gewohnheit meine man, nichts vorauswissen zu können.

Aus der jüdischen Apokalyptik im engeren Sinne sind dann Daniel 2,45 Septuaginta (er tat ihm kund, was danach geschehen müsse) und 4 Esra 9,12 zu nennen (Wer zu Lebzeiten das Gesetz nicht einsehen will, der muss es nach dem Tod in Qualen kennenlernen) sowie 6,16 (die Erde muss zu ihrem Ende hin verwandelt werden); ferner: Buch der biblischen Altertümer 56,1 (Wort des Mose muss erfüllt werden); syrische Baruch-Apokalypse 32,4 (Der Tempel muss in Herrlichkeit erneuert werden); 50,3 (Es ist nötig, den Lebenden zu zeigen, dass die Toten aufgelebt sind); Tiburtin. Sibylle (Die Sibylle sagte: So muss es geschehen); Testament des Joseph 19,10 (vom Sieg des Lammes über die Tiere: Dieses muss geschehen zu ihrer Zeit); oft in der griechischen Rezension der Himmelfahrt des Jesaja; der griechische Henoch 103,2 spricht vom Schriftstück »der Notwendigkeit« über notwendige Geheimnisse. – In Sibyllinen 3,572 geht es um die Notwendigkeit, dass die Schrift erfüllt wird.

Nach dem Neuen Testament »muss« der Menschensohn leiden. Oft wird vom Leiden und Sterben (aber im Zusammenhang damit dann auch vom Auferstehen) Jesu gesagt, es sei notwendig. Hier ergeben sich überraschenderweise die meisten Entsprechungen zum klassischen griechischen Sprachgebrauch, besonders bei den Tragikern. Wenn in Markus 13,7 von Kriegen gesagt wird, sie seien notwendig, doch erst der Anfang der Wehen, dann kommt das ebenfalls der Verbindung von Müssen und Leiden in der griechischen Klassik nahe. Lukas entwickelt eine besondere Terminologie für diese Art Gesetzmäßigkeit: »Bestimmung«, »Vorherbestimmung«, »Festsetzung«, »Ratschluss«. Er hat besonderes Interesse daran, die Geschichte (sein großes Thema!) vom Eindruck der Zufälligkeit zu befreien.

Doch dann gilt auch: Das Evangelium »muss« erst noch an die Heidenvölker verkündet werden, und auch der Ausdruck »etwas muss geschehen« findet sich im Neuen Testament (Matthäus 26,54). Und wie Flavius Josephus davon spricht, er müsse gegen die Römer kämpfen (Traumvision, Vita 209), weil dieses der Wille Gottes sei, so muss nach Lukas auch Paulus nach Rom gehen, um Zeugnis zu geben (Apostelgeschichte 23,11).

Lukas verwendet noch einige andere Ausdrücke, auch um anzudeuten, dass er etwas von theologischer Geschichtsdeutung versteht: »wie es bestimmt ist«, »wie es festgesetzt ist«, »vorher erkennen«, und er spricht in diesem Zusammenhang von Gottes »Willen«.

Theologische Auswertung

An dem Artikel über »Notwendigkeit« (»*dei*«) im Theologischen Wörterbuch zum Neuen Testament (Band II, 21–25) fällt auf, wie stark der Autor (Walter Grundmann) beim Abfassen des Artikels (1935) durch die zeitgenössische Schicksals-Ideologie belastet war: Für ihn ist entscheidend, welche Macht hinter der jeweiligen Notwendigkeit steht. Im Griechentum ist es die Gottheit der Notwendigkeit, die den Weltlauf bestimmt. Im Christentum dagegen steht hinter der Notwendigkeit der den Menschen »persönlich fordernde und die Geschichte nach seinem Plan gestaltende(n) Willen«. In nahezu jedem weiteren Satz des Artikels betont er dann den fordernden Willen Gottes. »Der ganze Wille Gottes über seinen Christus und über den Menschen ist bei Lukas in diesem ›*dei*‹ enthalten« (S. 23). Von dieser überstarken Betonung des Willens Gottes ist nun weder im Neuen Testament noch in den jüdischen Belegen etwas zu sehen. Eher ist das Gegenteil der Fall. Grundmann ist daher wohl irgendeinem ganz besonderen »Willen zur Macht« auf den Leim gekrochen.

Auffällig ist vielmehr, dass in der Gesamtheit der Texte auffallend selten von Gott oder Göttern die Rede ist.

Das gilt von den himmlischen Tafeln im Judentum und von »allen Worten der Propheten« wie insbesondere von den griechischen Texten, in denen vom notwendigen Geschehen die Rede ist. Besonders zu beachten sind die Aussagen über die Art der Gesetzmäßigkeit: Sie entspreche eher der Naturgesetzlichkeit als der staatlichen, und hier seien auch die Folgen des Tuns klar zu ernten. Viele Texte, die von der Notwendigkeit sprechen, meinen damit einen Ausgleich innerhalb der Schöpfung, eine Art Weltgesetzlichkeit und Gerechtigkeit. Zum Teil geht es um innergeschichtliche Folgerichtigkeiten, die sich aus der in der Geschichte üblichen Anhäufung von Schuld und Macht ergeben.

So ist das Gericht über die Bösen eine Art innerweltlicher Notwendigkeit, um ein Gleichgewicht herzustellen. Darin liegt wohl der Unterschied zwischen Notwendigkeit und *tyche* (Schicksal, Zufall), etwa in der Konzeption des hellenistischen Geschichtsschreibers Polybius. Das Glück kennt nur die stete Bewegung, und es wandert vom einen zum anderen. Bei der Notwendigkeit dagegen geht es um die Folgen des Tuns, um eine Art ausgleichender innerweltlicher Gerechtigkeit, nach der jedenfalls Hybris vor dem Fall kommt.

Auch die frühjüdische Apokalyptik kennt einen solchen Ausgleich innerhalb der bestehenden Weltzeit. Nach der Offenbarung des Johannes besteht der Ausgleich darin, dass der ermordete Messias zusammen mit allen gleich ihm Ermordeten eine tausendjährige Heilszeit am Ende dieses Äons feiern darf. Denn so wird der Ausgleich innerhalb dieser Welt hergestellt für die, die durch das Martyrium um einen entscheidenden Teil ihres Lebens betrogen wurden. In der späteren Apokalyptik wird diese Epoche die Phase, in der der byzantinische Heilskaiser in einer Epoche der gesegneten Fruchtbarkeit regieren wird. Wann immer eine derartige Heilszeit vor dem Ende angenommen wird, dient sie dem innerweltlichen Ausgleich und vor allem der Erfüllung aller noch offen stehenden Verheißungen der Schrift.

Auch so schwierige Stellen wie Markus 10,29f (als Lohn für alles Aufgegebene neue Verwandte und Verfolgungen in dieser Zeit und in der kommenden Welt das ewige Leben) gehören wohl in dieses Denken. Schließlich ist das den Reflexionszitaten im Matthäus-Evangelium zugrunde liegende Schema zu nennen: Einerseits will Jesus durch sein Handeln das ganze Gesetz erfüllen (Matthäus 5,17), andererseits müssen alle Prophezeiungen der Schriften ohne Ausnahme jetzt in Erfüllung gehen. Erst dann kann diese Weltzeit abgeschlossen werden, wenn jede Prophezeiung erfüllt ist. Klassisch kommt das zum Ausdruck in Sibyllinen 3,572: »Alles muss notwendig erfüllt werden.«

Es gibt daher im Sinne des Frühjudentums mehrere Arten von Dingen, die in der bestehenden Weltzeit noch abgeschlossen werden müssen. Dazu gehören:

- Gottes Heilsverheißungen an sein Volk, insbesondere die Landverheißungen.
- Was die Propheten über das Kommen des Messias bzw. des leidenden Gerechten geweissagt haben.
- Das vergossene Blut unschuldiger Menschen auf Erden, der Märtyrer also, zu denen auch der Täufer und Stefanus gehörten. Mit der Zerstörung Jerusalems geschieht dieses nach den Stoffen, die in Matthäus 23,34–37 und 27,25 bewahrt sind. Dazu gehört auch das Leiden aller Gerechten.
- Die Absetzung und Bestrafung der gottlosen Herrscher und Reiche.

Keineswegs muss dieses alles erst beim letzten Gericht geschehen. Doch dieser Äon kann nicht im Frieden mit sich beschlossen werden, solange so zahlreiche Rechnungen noch offen sind.

Letztlich ist daher die Welt dieses Äons ein System, in dem es um Ausgleich geht. Gott wird nur als der Garant dafür gesehen, dass dieser Ausgleich zustande kommt. Aber damit ist er keineswegs in jedem Einzelfall die Wirkursache.

Das gilt auch vom Kalender. Auch die Notwendigkeiten des Kalenders sind systemimmanent und nicht beliebig veränderbar.

Apokalyptische Notwendigkeiten

Ein Jesus-Agraphon aus dem Judenchristentum, das auch der syrische Kirchenlehrer Afraates kennt, lautet: »Das Gute muss kommen. Glücklich ist der, durch den es kommt. Ebenso muss das Böse notwendig kommen, doch wehe dem, durch den es kommt« (Berger/Nord, Agraphon Nr. 27).

Das Wort erinnert an die beiden Jesus-Worte Markus 14,21 und Matthäus 18,7. Markus 14,21 lautet: *Der Menschensohn geht zwar fort, wie die Schrift es über ihn sagt. Aber wehe dem Menschen, der ihn ausliefert. Für ihn wäre es besser, er wäre gar nicht geboren. –* Matthäus 18,7 lautet: *Wehe der Welt, weil durch sie Menschen vom Glauben abfallen. So etwas ist zwar unvermeidlich, doch wehe dem Menschen, der dafür den Anlass gibt.*

In allen vier Fällen »muss« etwas geschehen, und zwar notwendig: Das Gute muss kommen, das Böse muss kommen, die Welt fällt vom Glauben ab, der Menschensohn geht zum Himmel zurück. Das sind Geschehnisse der Endzeit, sie entsprechen dem Fahrplan. – Das Kommen dieser Ereignisse geschieht durch Menschen, die es vermitteln. Diese Mittlerfiguren aber sind frei, das zu tun oder nicht zu tun, was doch geschehen muss. Daher werden sie glücklich gepriesen oder eben mit Wehe verflucht. Eine apokalyptische Rolle einzunehmen hebt nicht die Freiheit und Verantwortlichkeit auf.

Diese Gruppe von Jesusworten bringt durch die hohe innere Spannung zwischen Rolle und Verantwortung eine Kontrasterfahrung zur Sprache, die möglicherweise auch Jesus (oder wer auch immer die Worte zuerst ausgesprochen hat) selbst wahrgenommen hat und auch schon damals nicht anders lösen konnte. So kann diese Gruppe von Worten den trösten, der keine gültige und glatte Lösung der Probleme betreffend Funktion und Verantwortung finden kann.

Die Funktion ist jeweils geschichtstheologisch bedingt. Für diese Rollen wird, modern ausgedrückt, »jemand gesucht«. Aber in allen negativen Fällen gilt: Der Zustand der Menschheit ist allgemein so schlecht, dass sich ganz bestimmt einer finden wird, der die Rolle zu seinem Unglück wahrnehmen wird. – Diese Jesusworte kalkulieren aber immerhin etwas ein, das nicht ganz sicher ist, so dass ein Risiko bleibt.

Aber warum »müssen« Ärgernisse kommen, warum muss die Welt abfallen? Es sei an ein ähnliches Stück bei Paulus erinnert, der in 1 Korinther 11,18f sagen kann: *Denn wie ich höre und fast auch glaube, müssen sich immer wieder Parteien bilden, (19) weil man ja anders wohl nicht herausfinden kann, wer etwas taugt bei euch und wer nicht.* – Die Parteiungen »müssen« sein, weil sich nur so die Spreu vom Weizen trennen lässt. Ganz ähnlich sagt ja auch Jesus an manchen Stellen, dass der Sinn seines Kommens das Spalten der Menschen sei (zum Beispiel Lukas 12,51–53).

Im Blick auf unser Thema kann man zu diesen Stellen sagen: Alle negativen Phänomene sind gewiss nicht Ausdruck des Willens Gottes. Gott will nicht Judas und sein Ende, Gott will nicht die Spaltung der Gemeinde, sondern die Einheit, er will nicht das Abfallen der Welt. Weitaus intensiver, als es üblich ist, muss man differenzieren, wenn man vom Willen Gottes spricht. Denn die apokalyptischen Notwendigkeiten entsprechen zwar irgendeinem Aufriss von Geschichte, aber dessen Verhältnis zu Gottes Willen muss vorerst offengehalten werden. Auch mit der Auskunft, dass Gott das apokalyptisch Negative *zulasse*, ist noch nicht geholfen. Hat aber nicht doch der apokalyptische Plan einen Urheber? Ist diese Frage zulässig?

Überlegungen zur »Ersten Schöpfung«

Es könnte sein, dass die dargestellten notwendigen Erfüllungen gegen Ende der Zeit etwas mit der Vorstellung einer in sich geschlossenen und daher auch abzuschließenden Phase der Heils- und Weltgeschichte zu tun haben. So machen wir einige Anleihen bei Paulus, um größere Klarheit zu gewinnen. Mit Paulus gehen wir aus von der Unterscheidung der ersten, schwachen, durch Adam geprägten Schöpfung von der zweiten, durch Jesus Christus und den Heiligen Geist neugeformten Schöpfung, die Paulus die »neue« nennt. Schon die Erste Schöpfung ist durch Jesus Christus geschaffen (1 Korinther 8,6), und man kann diese Christologie (mit einer Anleihe bei Johannes 1) als »Logos-Christologie« bezeichnen. Die Erste Schöpfung ist nicht der Logos, auch wenn sie durch den Logos geworden ist. Sie ist ihm ähnlich und vielleicht eine Art Abbild, aber sie ist nicht göttlich.

Zu dieser Schöpfung gehören nicht nur die naturgesetzlich festgelegten Abläufe, und diese Schöpfung hat nicht nur bestimmte Eigenschaften. Sie hat vielmehr auch ihre eigene Dramatik, und in ihr gelten bestimmte Spielregeln. Sie ist etwas Geschaffenes, aber nicht nur die Summe ihrer Einzelteile, sondern sie hat als Geschaffenes in sich Bewegung, und zwar sowohl im Querschnitt (Gleichzeitigkeit) als auch im Längsschnitt (Geschichte).

Kaum jemals wird im Zusammenhang mit Schöpfung dieses beachtet: Die Geschichte dieser Welt ist die übersummative (das heißt mehr als nur durch Addition zustande kommende) Geschichte einer Ganzheit. Und darin gelten, wie angedeutet, Regeln. Solche Regeln sind:

Ausgleich

Es gibt eine weltimmanente Notwendigkeit, dass schon in der Welt Gerechtigkeit sei. Damit ist ein Gleichgewicht von Tun und Ergehen und von Verheißung und Erfüllung gemeint.

Das bedeutet: Alle Verheißungen, die Gott je gab, müssen auch erfüllt worden sein. Alles gute wie alles böse Tun muss seinem Täter »in den Schoß zurückgegeben worden sein«. Keine Rechnung darf offen bleiben. Erst wenn alles »aufgegangen ist«, kann dieser Äon sein Gleichgewicht finden. Diesen Tatbestand nennt man im Neuen Testament das Erfülltwerden aller Verheißung(en) oder Prophezeiungen.

Dramatik

Es gibt eine Aufeinanderfolge von guten und schlechten Zeiten. Zunächst einmal gibt es überhaupt eine Abfolge, die nicht umkehrbar ist.

So gehört zum Ende der Zeiten je eine Phase, in der das Böse und das Gute krass hervortreten. Die Zeit des Bösen nennt man die Endzeitkatastrophen oder die Zeit des Antichrist. Die entgegengesetzte Qualität hat am Ende die Zeit des Endkaisers oder des tausendjährigen Reiches. In beiden Phasen offenbart dieser Äon gewissermaßen in letzter Stunde, was in ihm steckt.

Dazu gehört auch, dass zuerst immer das Unvollkommene kommt, dann erst das Vollkommene. So ist auch die ganze unvollkommene Schöpfung erst das Vorzimmer der vollkommenen Zweiten Schöpfung. Der Weg zu dieser führt nur über die Erste Schöpfung.

Wenn also Paulus in einer Vision gesagt bekommt, er »müsse in Rom« auftreten, dann muss er dorthin, weil dieses jetzt oder eben überhaupt »dran« ist (Apostelgeschichte 23,11). Oder wenn Jesus nach Markus 13,10 sagt, erst müsse das Evangelium noch den Heidenvölkern verkündigt werden, dann meint er damit einen bestimmten gerechten Sachzwang. Dieser besteht hier mutmaßlich darin, dass, bevor der Menschensohn die endgültige Scheidung unter den Menschen vollziehen lässt, diese alle dazu in der Lage waren, sich für oder gegen das Evangelium zu entscheiden. Das erscheint als »nur recht und billig«. Es geht daher durchaus um eine Art Tagesordnung, deren Offenbartsein von den bezogenen Menschen Gehorsam verlangt.

Ähnlich ist auch nach den menschlichen Akteuren gefragt, wenn von den auf himmlischen Tafeln verzeichneten *actus Ierusalem* (Geschichte Jerusalems) die Rede ist.

Weil die Verantwortlichkeit bestehen bleibt, kann es sich nicht um Gottes Marionettenspiel handeln. Das, was das Welttheater von Gott hat, sind Maß, Zeit, Grenzen und damit insgesamt Endlichkeit.

Kampf

Zur Welt gehört ein grundsätzlicher Kampf zwischen wertbejahenden und wertverneinenden Kräften, ein Kampf um Leben oder Zerstörung. Der Kampf ist seinem Wesen nach der Streit zwischen Egoismus und liebevollem (nicht phantasielosem) Sich-Einfügen in die Ordnung.

Alles Gute hat seinen Preis

Diese wichtige Regel besagt: Keiner gelangt zu Ehre außer durch Leiden. Das Wahre und Gute setzt sich nicht von selbst durch, sondern nur unter einem großen Aufwand von Leiden. Der Satz »Die mit Tränen säen, werden mit Lachen ernten« bringt etwas von der im Grunde optimistischen Weltsicht zum Ausdruck, die hier herrscht. Von hier ist es dann nicht weit zu dem Grundsatz »Der Gerechte muss leiden«.

An dieser Stelle wird ein dualistischer Einschlag an dem hier zu rekonstruierenden Weltbild erkennbar. Denn offensichtlich besteht zwischen denen, die Macht haben (die nämlich Leiden zufügen können), und den anderen (die keine Macht, aber dafür Verstand haben) ein latenter bis offener Gegensatz. Damit geht eine Einschätzung der »Welt« Hand in Hand, wie wir sie im Neuen Testament von Paulus und aus dem johanneischen Schrifttum kennen. Die Welt ist eben die nicht gute. Und sie hat klassische Opfer, nämlich die Schweigsamen, die unter ihrem lauten Getue und unter ihrer Tyrannei leiden. Schön und eindrücklich wird das in der lateinischen Baruch-Apokalypse beschrieben:

»Ihr und die nach euch kommen, werdet mich suchen, um ein Wort der Weisheit und des Verstandes zu hören, aber ihr werdet es nicht finden. Denn die Völker werden einen Weisen ersehnen, der ihnen verkündigt, aber es wird ihnen nicht glücken. Nicht gänzlich wird die Weisheit dieser irdischen Weltzeit fehlen, und die Predigt vom Gesetz wird dieser Welt der Erde nicht überhaupt mangeln. Denn Weisheit wird es geben, doch nur bei wenigen Wachsamen, Verschwiegenen und Stillen, die Selbstgespräche halten und in ihren Herzen meditieren. Denn etliche werden vor ihnen zurückschrecken und sie wie Bösewichte fürchten. Andere werden auch auf das Wort des Gesetzes des Höchsten nicht hören. Andere werden die Mäuler aufsperren und nicht glauben und gegen die Glaubenden kämpfen und den Geist der Wahrheit unterdrücken. Andere werden weise sein, nach Maßgabe des Geistes des Irrtums und von Verlautbarungen reden, die angeblich vom Höchsten und Allmächtigen kommen. Andere heucheln den Glauben ...« (Cyprian, Zeugnisse 3,29).

Die Welt, die hier beschrieben wird, ist keine andere als die Welt, wie sie immer schon ist und am Ende nur in ihrem Charakter deutlicher zum Vorschein kommen wird. Insofern geht es bei allen hier behandelten Merkmalen um Welt-Weisheit.

Jedes Gute hat seinen Preis, das heißt nicht in jedem Fall, dass es bald »sich lohnt«. Oft ist es auch so: In der Zeit der Ersten Schöpfung wird der Preis entrichtet, in der Zeit der Zweiten Schöpfung der Lohn empfangen.

Dazu gehört auch Leiden, das man als die Erprobung der Gerechten ansehen kann. Der Glaube muss bestätigt werden, denn Glaube ist – dem hebräischen und griechischen Wortinhalt nach – zugleich Treue. Eine Treue will und muss sich bewähren. Ob man treu sein kann (sich selbst oder einander), das ist immer eine Frage der Zeit. Erst nach einer gewissen Zeit kann man einen anderen oder sich »wirklich treu« nennen.

So gibt es eine Zeit, in der die Gerechten gequält werden, aber danach sind sie auch wirklich als Gerechte erwiesen, »wie Gold im Feuerofen« (1 Petrus 1,7). Und deshalb sind in Korinth nach 1 Korinther 11,19 Spaltungen nötig, »damit die Guten offenbar werden«. Ohne Spaltungen könnte das gar nicht geschehen. Und deshalb rechnet Paulus mit der Notwendigkeit von Spaltungen. Dieser Aspekt bringt uns auf einen weiteren Punkt:

Am Ende muss alles offenbar werden

Dieser Grundsatz kommt im Neuen Testament regelmäßig in Sprüchen vom Licht und vom Leuchter zum Ausdruck. So wenig wie man einen Leuchter verbergen kann, so wenig kann auf Dauer verborgen bleiben, was die Menschen angerichtet haben. So in Markus 4,21f: Jesus fragte die Jünger: *Ist ein Licht dazu da, dass man einen Topf darüber stülpt oder es unters Bett stellt? Nein, man stellt es auf den Leuchter. (22) Alles Verborgene kommt dann ans Licht. Alles Geheime wird offenbar.* Der alltägliche Vorgang wird dabei zu einem Bild für das, was sich *als* das Ende der Zeiten notwendig vollziehen muss. Aus der Klugheitsregel des Alltags ergibt sich für Jesus ein eschatologischer Vorgang, den er jedenfalls für selbstverständlich ansieht. Ausdrücklich vom »Muss« spricht genau in diesem Sinne 2 Korinther 5,10: *Wir alle müssen offenbar werden vor dem Richterstuhl Jesu Christi.* Damit ist eine weitere Regel für den Verlauf der Weltgeschichte gewonnen. Man kann nicht sagen, Gott schicke den Antichrist, er quäle Jesus, er veranstalte die Spaltungen in Korinth. Wahr ist vielmehr: Da gibt es böse Menschen, die sich genau durch das angezogen fühlen, das jetzt »dran« ist. Mit Gott hat das beides nur sehr indirekt etwas zu tun. Denn es gilt ein strikter Dualismus zwischen Gut und Böse. Und eben weil es beide gibt, Böse und Gute, müssen auch beide jetzt in der Endzeit offenbar werden. Das ist die Wahrheit über die Welt. Durch die Spaltungen müssen die Gerechten genauso festgestellt werden wie durch Prüfungen und Erprobungen im Aushalten des Martyriums.

Das, was offenbar wird, ist eben nicht alles von Gott. Aber kommt nicht wenigstens die Agenda selbst von Gott?

Indem wir die Frage nach dem Urheber stellen, sind wir gleichzeitig darauf erpicht, die Frage von Schuld und Verantwortung zu klären. Wir sind es gewohnt, die Frage nach Kausalität mit der Schuldfrage zu verknüpfen. Wenn es sich also herausstellt, dass auch die Gesetzmäßigkeit der Geschichte von Gott ist, dann machen wir gerne Gott dafür verantwortlich, was dann an Unrecht geschieht, und sehen die Täter und in ihnen uns selbst wundersam entlastet. Die bekannten Sätze »Es ist nötig, dass …, wehe aber dem Menschen, durch den …« sagen indes sehr klar, dass Menschen dabei schuldig werden, wenn sie sich von einflussreicher Macht anlocken lassen. Denn darum geht es wohl: Bei den Größen wie Abfall vom Glauben, widergöttlicher Herrscher (Antichrist) oder Verfolgung der Frommen steht immer eine große Machtansammlung im Zentrum der Geschichte, die jeweils ihre eigene Faszination entwickelt, diejenige missbrauchbarer Macht.

Aber es bleibt nicht dabei, dass erst am Ende alles offenbar wird, es kann vieles auch per Vision oder Traum schon vorher mitgeteilt werden:

Vorausgehende Information

In Träumen und Orakeln (Prophetien) werden die Notwendigkeiten der Welt mitgeteilt und zugänglich. Diese Vorab-Informationen sind kein Selbstzweck, sondern sie beziehen sich regelmäßig auf Schriftliches (himmlische Tafeln, Bücher usw.). Damit ist alles verlässlich und überprüfbar. Die Vorab-Informationen dienen selbst dem Erweis der Treue Gottes.

Tun und Ergehen

Was der Mensch sät, das wird er ernten (Galater 6,7): Dieser alttestamentlich und weisheitlich fundierte Grundsatz gilt auch für das Geschichtsbild und dessen Gesetzmäßigkeiten, die hier zu entfalten sind. Wie die Saat – so die Ernte, das gilt eben zwangsläufig. Auch in diesem Sinne gilt, dass Strafe und Gericht nicht private Rache Gottes sind, sondern ein Stück der Gerechtigkeit dieser Welt. Das Neue Testament und die frühjüdischen Schriften hegen die Überzeugung, dass diese Welt am Ende gerecht ausgehen wird.

Alle müssen sterben

Das Naturgesetz und das historische Gesetz kommen darin miteinander zur Deckung, dass alle lebenden Wesen sterben müssen. An einer Stelle kommt dieses Denken auch mit der Konzeption zur Deckung, dass alles »ausgeglichen« werden muss: Henoch und Elia (christlich auch Johannes der Theologe) werden in der Zeit vor dem Weltende die einzigen Menschen gewesen sein, die nicht sterben mussten. Doch es gilt das Naturgesetz, dass alles Lebendige sterben muss. Daher müssen diese beiden (bzw. diese drei) in der Zeit vor dem Weltende doch noch sterben, damit hier »alle Konten ausgeglichen« sind. Also müssen sie noch einmal vom Himmel herabkommen und (den Märtyrertod) sterben. Danach werden sie dann (wiederum als Ausgleich für möglicherweise entgangenes Leben) am Tausendjährigen Reich teilhaben, zusammen

mit anderen Märtyrern. Die gesamte Konzeption des Tausendjährigen Reiches (vgl. Offenbarung 20,4–6) ist nichts anderes, als Ausgleich für alle diejenigen zu schaffen, die hier zu
kurz gekommen sind.

Buch der Natur – Buch der Geschichte

Die oben ermittelten Regeln lassen erkennen: Es gibt nach
jüdischer Anschauung nicht nur die Gesetze der Torah und
die Regeln für den Lauf der Natur und der Gestirne, es gibt
auch einige Gesetze des Weltverlaufs. Diese hängen – ganz
abstrakt gesprochen – mit dem Faktor Zeit zusammen. Denn
dazu gehören der Wechsel der guten und schlechten Perioden,
der in der Zeit erfolgende Ausgleich und die zeitliche Befris-
tung aller Lebewesen (Sterblichkeit; Tod). Dazu gehört
gleichfalls, dass es vor der »Anerkennung« (in Gestalt von
Ruhm oder Herrlichkeit) jeweils eine Zeit der Bewährung in
Treue geben muss. Insofern hängt die Erstreckung von Zeit
auch mit dem zusammen, was recht ist. Daher gibt es
schließlich auch eine Zeit, in der »alles herauskommt«. Alle
diese Aussagen über die Zeit haben damit zu tun, dass es sich
um eine in diesem Äon und wohl sowieso von Natur aus be-
grenzte Zeit handelt.
Auch Texte, in denen Jesus von Geschehnissen in »dieser Zeit«
spricht, setzen offensichtlich nicht voraus, dass es sich um
Gottes eigenste persönliche Wirksamkeit handelt. So ist es
offenbar mit den meisten Gleichnissen in Markus 4. Sie schildern Prozesse im Bereich der Natur und ihrer Bearbeitung
(Samen – Frucht; Saat – Ernte; Senfkorn – Senfbaum), die
nun nicht nur für den agrarischen Bereich gelten, sondern auch
für anderes, was es in der Welt gibt. Sie zeigen Notwendigkeiten auf, die auch darüber hinaus Geltung besitzen, in Abläu-
fen nämlich, die weniger gut sichtbar sind als die ökonomi-
schen Prozesse. Das heißt aber nicht, dass diese Prozesse »gottlos« sind; vielmehr hat Gott mit ihnen genauso viel zu tun wie

mit Pflanzen und Sauerteig. Gott ist ihr Schöpfer. In dessen Bereich gehört auch das Reich Gottes, von dem die Pflanzengleichnisse in Markus 4 sprechen, und das Reich Gottes ist in seinem Verlauf daher nicht unter die Wunder zu zählen. Es ist tatsächlich »wie« Samen und selbstwachsende Saat.

Weil nun – zum Beispiel nach dem Buch der Jubiläen – auch der ganze Verlauf der Geschichte, auf Tafeln verzeichnet und kaldendarisch geordnet, Mose mitgeteilt wird, können wir annehmen, dass auch der Bereich der Geschichte mit dem Netz des Gesetzlichen überzogen wird. Denn nunmehr gelten, wie wir oben ermittelt haben, auch im Bereich der Geschichte feste Regeln. Die Geschichte ist also nicht ein unbegrenztes Reich der Freiheit; vielmehr machen jene Texte, die vom »Muss« in der Geschichte sprechen, deutlich, dass hier so strenge Regeln gelten wie anderswo auch. – Aber man muss diese Erfassung der Geschichte durch Einsicht in ihre Notwendigkeiten nicht unbedingt nur unter dem Aspekt des Gesetzes und damit (für mitteleuropäische Augen) potenziell negativ sehen. Man kann auch sagen: Auch im Bereich der Geschichte, also auf dem Feld des Leidens – denn das war Geschichte für das Judentum zu allen Zeiten –, gibt es Ordnung, Gerechtigkeit und vertrauenerweckende Regelmäßigkeiten. Einerseits kann die Willkür der Tyrannen hier nicht eindringen. Genauso wenig kann aber hier irgendeinem Menschen, selbst dem Gerechtesten nicht, irgend etwas erspart bleiben.

Weisheitliche Belehrung über die Schöpfung

Der Kenner jüdischer (und allgemein orientalischer) Weisheitstraditionen wird es bemerkt haben: Bei den oben genannten Merkmalen der Aussagen über Schrifterfüllung und Notwendigkeit handelt es sich um apokalyptisch weiterentwickelte Ansätze aus der »Weisheit«. Dabei verstehe ich unter »Apokalyptik« Texte über das Ende der Zeiten und unter »Weisheit« Belehrungen über das, was wirklich und wahr ist in der Welt.

Weil die Welt aber geschaffen ist und die Apokalyptik die Endphase der Welt erörtert, geht es hier um Gesetzmäßigkeiten, wir würden sagen: um Sachzwänge innerhalb der geschaffenen Welt.

Wenn das zutrifft, dann sprechen alle Aussagen, mit denen wir uns hier beschäftigt haben, nicht von Gottes direktem Eingreifen, Handeln und Wollen, sondern von Regelkreisen innerhalb des Geschaffenen. Das bedeutet zum Beispiel: Wenn ein Mensch stirbt, so ist das eine am Ende jedenfalls sicher vorhersehbare Folge seiner Kreatürlichkeit. So wie die Welt besteht und geschaffen ist, gehört der Tod und gehören die »natürlichen« Todesarten einfach dazu.

In diesen Aussagen über Notwendigkeiten handelt es sich noch nicht um eine bestimmte Geschichtstheologie, sondern eben um Weisheit, um Belehrung darüber, wie es in der Welt so zugeht.

Zum Stichwort »Weisheit« ist an das Gebet aus der syro-malabarischen Sterbeliturgie zu erinnern, das lautet: »Herr, du hast uns in deiner Güte erschaffen, in deiner Weisheit zerstört, wecke uns auf in deinem Erbarmen.« Der anstößige Satz ist: »Du hast uns in deiner Weisheit zerstört.« Die Weisheit ist hier nicht einfach als Eigenschaft Gottes anzusehen, sondern als Mittlerinstanz zwischen Gott und Schöpfung (so wie in Sprüche 8; Sirach 24; Weisheit Salomos 9). Und zu dieser Weisheit gehört der Tod. Im Unterschied zu Güte und Erbarmen ist Gottes Weisheit als Mittlerinstanz relativ selbstständig, und daher ist gerade jetzt, in der Zwischenzeit der bestehenden Schöpfung (nach der Güte der Erschaffung und vor dem Erbarmen der Auferstehung) die Zeit, in der sich Gottes Weisheit nach ihren Regeln auswirkt. Kein Zweifel, am Ende ist es Gottes Weisheit. Doch überspringt er nicht ihre Regeln, zu denen die Endlichkeit alles Lebendigen gehört. Ausnahmen (Totenerweckungen; Auferstehung Jesu) bestätigen nur die Regel.

Um Gott als Schöpfer ging es auch in dem zitierten Text 4 Q 180, den wir jetzt besser verstehen: »Gott hat eine Zeit gemacht, um zu vollenden alles Seiende und Gewordene. Bevor er sie geschaffen, hat er ihre Tätigkeiten festgesetzt, Zeitabschnitt für Zeitabschnitt …« Hier kommt zum Ausdruck, dass Gott letztlich als der Schöpfer operiert hat. Aber gerade die Vorzeitigkeit seines Tuns bringt die Distanz zur Unmittelbarkeit zum Ausdruck.

Aber ist alles das, was als Notwendigkeit in der Zeit erfahren wird, dann nicht doch der Wille Gottes? Dass man hier so fragen kann, weist auf ein schon früher bemerktes Defizit, dass nämlich höchst unklar ist, was man unter »Gottes Wille« verstehen soll.

Gottes Wille

Nach den Evangelien und nach Paulus (und dem Hebräerbrief) ist Gottes Wille das, was er von den Menschen zu tun verlangt. Wenn Jesus im Vaterunser beten lehrt: »Dein Wille geschehe«, so sollte man das übersetzen mit: »Lass uns und andere deinen Willen tun!« (Matthäus 6,10), und wenn Jesus in Gethsemane betet: »Nicht mein, sondern dein Wille geschehe« (Markus 14,36), dann ist der fragliche Wille Gottes hier nicht, dass Jesus leiden soll, sondern was Jesus tun soll. Das soll Gott sagen und von Jesus fordern, und er wird es dann tun. Auch wenn Paulus die Christen dazu ermuntert, nach dem Willen Gottes zu forschen, meint er ausdrücklich, dass sie selber feststellen müssen, was in der Stunde von Gott zu tun gefordert ist.

Es lässt sich keine neutestamentliche Textstelle ermitteln, nach der Gott das Leiden von Menschen »will«.

Nun sagt der 1. Petrusbrief zum Beispiel, dass die Christen eine kurze Zeit leiden müssen, weil sie dann eine lange Zeit in Herrlichkeit sein dürfen. *Denn die Zeit, in der ihr Kummer habt und immer wieder vor Bewährungsproben gestellt werdet, ist bald vorbei. Weil die Abfolge von Schmerz und Herrlichkeit unumkehrbar ist, könnt ihr sicher sein: (7) Wenn ihr die Zeit der Bewährung treu überstanden habt, dann ist das, wie wenn Gold im Feuer geläutert ist. Dabei gehört Gold nur zu den vergänglichen Dingen. Ihr jedoch werdet dann, wenn Jesus Christus offenbart wird, gelobt, geehrt und mit Herrlichkeit gekrönt* (1 Petrus 1,6–7). Ist das Leiden der Christen dann nicht der Wille Gottes? – Zunächst einmal ist es nicht direkt Gottes Wille, weil das Wort nicht vorkommt. Trotzdem könnte es sich ja der Sache nach darum handeln. Aber auch das schlägt fehl. Denn die Notwendigkeit, angesichts kommender Herrlichkeit eine kurze Zeit zu leiden, ist der klassische Fall der Welt-Regel, dass jedes Gute seinen Preis kostet. Das heißt: Das Leiden der Gerechten ist nicht Gottes besonderer Wille für sie. Es ist aber ganz gewiss auch nicht Zufall. Sondern es ist die angesichts des Zustands der Welt geradezu notwendige Form ihres Lebens. Schon der griechische Dichter Sotades Maronita (3. Jahrhundert v. Chr.) äußert: »Die Welt ist ungerecht und feindlich gegenüber den großen Menschen.« Daher kann man sagen: Es gibt Leiden und Schmerzen, Krankheiten zum Beispiel, die zustande kommen, weil die Naturgesetze so eingerichtet sind. Das ist nicht Gottes aktueller Wille für den Einzelfall. Und es gibt andererseits Leiden, die Menschen treffen, weil sie – zum Beispiel als Gerechte von Ungerechten – verfolgt werden. Auch das ist notwendig so, denn noch keinen Gerechten oder Weisen hat die Welt gerne ertragen. Auch hier geht es nicht um Gottes Willen, den er besonders dem Gerechten zumuten würde. Es geht vielmehr ganz und gar nicht um Gottes Willen, mit dem er von den Menschen etwas fordern würde, sondern es geht um die bösen Pläne der Ungerechten, ihren Neid und einfach auch ihre abgründige Bosheit. In diesen beiden Fällen also, bei Krankheiten und bei der Bosheit von Menschen, geht es nicht um Gottes Willen, der geschieht; bei der Bosheit von Menschen geht es sogar explizit um das Gegenteil.

Die andere Frage, die damit noch nicht beantwortet ist, richtet sich darauf, inwiefern Gott dann quer zu den bösen Intentionen der Menschen seine Ziele verwirklicht, indem er zum Beispiel Heilvolles daraus werden lässt.

Menschliches Handeln und Gehorsam

Hier ist zu fragen, wieweit die geschichtlichen Notwendigkeiten mit dem Handeln der Menschen zusammengehören,
oder: in welchem Maße das geschichtliche Muss doch irgendwie an menschlichen Gehorsam gebunden ist. So ist das auch
bei den »Notwendigkeiten« zu reisen, die sich für Jesus (Jerusalem; Lukas 13,33) und Paulus (Rom; Apostelgeschichte
23,11) ergeben. Die Reise erfolgt auf Einsicht in die Notwendigkeit hin, aber in Gehorsam. Hier konvergieren daher das,
was sachlich geboten ist, und die gehorsame Pflichterfüllung
der »prophetischen« Gestalt.

Zur Erläuterung: Man kann beobachten, dass Jesus einerseits
in den Leidensweissagungen immer wieder vom Muss des
Leidens und Auferstehens spricht. Wir verstehen jetzt besser,
dass es sich um den angesichts dieser Welt, wie sie nun einmal
ist, notwendigen Weg des Gerechten handelt. Aber andererseits
muss Jesus in Gethsemane Todesängste durchstehen und ringt
um den Gehorsam. Wir hatten bereits gesehen, dass es um den
Willen Gottes bezüglich des Handelns geht. Gemeint ist also:
Gottes Willen folgen, der Jesus gesandt hat und der vom leidenden Gerechten erwartet, dass er nicht davonläuft und sich
nicht wehrt (Gewaltverzicht; siehe Bergpredigt). – Das Problem im Sinne unserer Fragestellung ist: Wieweit ist das »notwendige« Geschehen doch davon abhängig, dass Jesus gehorsam ist (*bis zum Tod am Kreuz,* Philipper 2,6)?

Geradezu klassisch kommt diese Sachnotwendigkeit in dem
Jesuswort Lukas 13,32f zum Ausdruck: *Meldet dem Fuchs
[Herodes]: Ich treibe Dämonen aus und vollbringe Heilun-
gen. Das tue ich heute und morgen, und am dritten Tag hat es
ein Ende. (33) Heute nämlich, morgen und übermorgen muss
ich nach Jerusalem wandern, denn alle Propheten müssen dort
sterben.* Denn hier wird der Tod in Jerusalem geradezu als
spezifisch für den Beruf eines Propheten angesehen. Nach der
Tradition des deuteronomistischen Geschichtswerks, auf die
Jesus hier anspielt, wird keinem Propheten gehorcht, alle wer-

den getötet, und daraufhin wird die Stadt zerstört – und passenderweise kommt der Prophet in der Stadt um, die dann dafür büßen muss. Erst dann gibt es eine Möglichkeit zur Umkehr. Jesus zitiert diese »Tradition« hier als »Muss«. Und er fügt sich und geht nach Jerusalem.

Ähnlich die folgenden Beispiele: Das Evangelium, das nach Markus 13,10 verkündet werden muss, erfordert Menschen, die dieser Notwendigkeit folgen. Und wie ist es mit der Zahl der Gerechten, die erst voll werden muss nach Offenbarung 6,9–11? – Es ist immer wieder das gleiche Dilemma zwischen Rolle und Träger der Rolle, das wir schon in Markus 14,21 und Matthäus 18,7 beobachtet haben.

Man kann sagen: Das Muss und der Täter ziehen sich gegenseitig an wie zwei magnetisierte Stücke Metall. Das Müssen und eine ihm entsprechende menschliche Neigung sind einander zugeordnet. Diese Zuordnung ist wohl genau das, was in 2 Thessalonicher 2,7 »Geheimnis der Bosheit« heißt und was auch im positiven Gegenfall »Geheimnis« genannt wird (Römer 11,25).

Paulus spricht ausdrücklich von dieser wechselseitigen Anziehungskraft, die aus dem, was kommen und sein muss, zugleich ein verantwortliches Tun der Menschen werden lässt. Für die negative Seite stellt er das so dar: Einerseits ist der Mensch schwach und verführbar, er neigt zur Begierde, zur Maßlosigkeit seiner Vitaltriebe. Und andererseits betrügt und verführt ihn die Sünde, indem sie ihm vorgaukelt, das, was er erstrebt, sei »gut für ihn«. Dabei ist es doch nur maßlos. Die Sünde ist in gewisser Hinsicht aktiv, und zwar als Agentin des Todes. In 1 Korinther 15,56 sagt er: *Denn wenn der Tod herrscht, dann ist die Sünde die Handlangerin seiner Macht, da sie mit dem Tod bestraft wird. Der Agent der Sünde aber ist das Gesetz, weil es die Sünde greifbar macht, wenn man es übertritt.* Das heißt: Der Herrschaftswille der Sünde und die Schwäche des menschlichen Herzens »treffen« sich und produzieren Unheil. – Für den positiven Fall spricht Paulus von der Liebe im Herzen des Menschen und davon, dass diese Liebe die Antwort auf die Zuneigung Gottes im Erbarmen ist. So kommt die Zeit des Erbarmens zustande (Römer 11,32).

Das positive Geschehen ist auch nach dem Menschenbild, das zugrunde liegt, die Umkehrung des Negativen. Denn der Gier entspricht spiegelbildlich die Liebe.

Für unsere Fragestellung bedeutet das: Die Zuordnung von menschlicher Freiheit und dem, was heilsgeschichtlich angesagt ist (also zum Beispiel der neuen Epoche), leistet das Herz des Menschen. Durch sein affektives Vermögen, durch Schwäche oder Liebe oder durch beides, ist der Mensch verantwortlich eingebunden in die großen Notwendigkeiten der Geschichte.

Geschichtsdeutung vom Schöpfer her

Unsere Abgrenzung der Geschichtsgesetze von der Heilsgeschichte wird vielleicht am Beispiel »der Krieg und seine Folgen als Strafe Gottes« als theologisch sinnvoll erkennbar. Denn hier geht es nicht speziell um Heilsgeschichte und Volk Gottes, sondern um einen Fall, in dem die Gesetzmäßigkeit der Geschichte eine Rolle spielt. – Nun gibt es bekanntlich genug Fälle, in denen die Unrechttäter obsiegen und nicht in einer Katastrophe untergehen, sondern das Gegenteil erleben. An ihnen ist die Gerechtigkeit der Geschichte noch nicht zum Zuge gekommen, aber sie wird sich, das ist zum Beispiel die Auffassung der Offenbarung des Johannes, eines nicht fernen Tages doch durchsetzen, im Sturz Roms, den die Gemeinde schon in Offenbarung 18 und 19 feiert, obwohl er erst fünfhundert Jahre später geschah. Hier wird auch erkennbar, dass die von uns beschriebene Gesetzmäßigkeit der Geschichte etwas ganz anderes ist als ihr faktischer Verlauf im Augenblick und nach Augenschein. Die Gesetzmäßigkeit der Geschichte ist vielmehr der Weg, auf dem sie selbst zu ihrem Ziel findet.

Auch die Offenbarung des Johannes sieht übrigens das, was da »geschehen muss« (1,1), als Wirksamkeit des Schöpfergottes. Daher wird Gott zu Anfang als Schöpfer gelobt (Offenbarung 4,11). Gott steigt nicht herab, um Rom zu demütigen. Das besorgen Engel, die hier wie auch sonst Gottes Begleitung im Weltgeschehen darstellen.

Jesu Leidensgeschick

Angewandt auf das Geschick Jesu heißt das:
– Der Gerechte muss leiden, aber nicht, weil Gott es will, sondern weil die anderen Menschen einen Gerechten nicht ertragen können. So wie die Welt ist, sind Gerechte für sie nicht erträglich – wie wenig dann erst Gottes Sohn!
– Die Jesus quälen und ermorden, sind verantwortlich und böse.
– Gott »benötigt« Jesus nicht, insbesondere nicht Jesus den Gekreuzigten, um Sünden zu vergeben.
– Aber für die frühen Christen wird das Kreuz ein Zeichen, und zwar für die jetzt angesichts des Kreuzes wiederholte Vergebungsbereitschaft Gottes. Gottes Botschaft angesichts des gekreuzigten Jesus ist, so vernehmen es alle frühchristlichen Apostel und Lehrer, von denen wir überhaupt Zeugnisse besitzen, dass er jetzt erst recht vergeben will. Gerade weil das Zeichen des Kreuzes den Hass der Menschen und ihren Wunsch zu demütigen einmalig dokumentiert, wird das Kreuzesgeschehen zum »Sakrament« der Versöhnung. Nur dass bei diesem Sakrament das Zeichen die genaue Umkehrung dessen ist, was es bewirkt. Das Kreuz erzählt vom Hass, aber es bewirkt Vergebung.
(Vgl. dazu: K. Berger: Wozu ist Jesus am Kreuz gestorben? Stuttgart 1998)

Menschliches Handeln und Heilsgeschichte

Vielleicht kommen wir der Lösung mit diesen Gedanken ein Stück näher: Beim Phänomen der *felix culpa* ging es darum, dass Gott quer zu den Absichten der Menschen Geschichte und ihre Epochen macht, was aber erst im Nachhinein erkennbar wird. Dagegen ist die Notwendigkeit in den Sätzen über das Müssen nicht erst vom Nachher aus sichtbar, sondern im Gegenteil schon vorher bekannt.

In beiden Fällen aber liegen die großen Stationen der Geschichte »oberhalb« der Entscheidungen konkreter Menschen. Für das »im Nachhinein« kann man sagen: Gott macht etwas aus den Taten der Menschen. Sie sind für ihn wie Knetmasse. Für das »vorher« könnte man wohl sagen: Gesucht sind Gehorsame, und Frevler finden sich immer. So wie die Welt gebaut ist, finden sich immer beide.

Andererseits ist beides auch nicht vergleichbar. Denn mit dem »vorher« wird eine weltgeschichtliche Notwendigkeit angegeben; es geht nur um das, was recht und billig ist, und hier *handeln Menschen* aus Trieb oder Liebe auf das hin, was an der Zeit ist. Bei dem »nachher« dagegen *handelt Gott* in der Heilsgeschichte.

So beschließen wir diesen Abschnitt mit der Auskunft: Vieles von dem, was man früher für den grausamen Willen Gottes hielt und was entsprechend große Schwierigkeiten im Gottesbild einbrachte, ist nicht Wille Gottes, sondern Not(wendigkeit) der Welt und ihr Gesetz.

Die in diesem Abschnitt beschriebenen Erkenntnisse fassen wir so zusammen: Neben dem gesetzlichen Verlauf der Natur steht ein gesetzlicher Verlauf der Geschichte. Dieser Verlauf ist nicht göttlich, sondern kreatürlich. Die Weltgeschichte ist als ein in bestimmtem Sinne sich selbst regulierendes dramatisches System geschaffen. Es gibt keinen Gesamtplan, aber wiederkehrende Regelmäßigkeiten und besonders das Erfordernis, dass zum Schluss alles beglichen und keine berechtigte Forderung unerfüllt geblieben ist. – Es handelt sich hier wohlgemerkt um eine historische Rekonstruktion eines Stückes frühchristlich-jüdischer Weltsicht, die so hier zum ersten Mal vorgelegt wird.

»Aber Gott hat diese Welt doch geschaffen?«

Gott hat diese Welt geschaffen, unvollkommen wie sie ist. Nur
der kann daraus einen Vorwurf gegen Gott schmieden, der das
Ganze nicht kennt, der nicht weiß, wie Gott angesichts des
Kreuzes die Gesetze der Welt mit seinem eigenen Wunsch
konfrontiert und durchbricht. Der Hebräerbrief hat diesen
Vorgang großartig dargestellt. Das Kreuz, sagt er, weist auf
eine neue Ordnung, in der die Menschen durch die Gestalt
Jesu im Himmel angekommen sind. Und weil er dort für uns
Fürbitte einlegt, gelten die Ordnungen der Welt (Vergebung
nur durch Blut) fortan nicht mehr. Der Hebräerbrief und die
Offenbarung des Johannes schildern mit ihrer Eröffnung der
himmlischen Welt und des Thrones Gottes gleichzeitig das
Szenario des christlichen Gottesdienstes.
Gott hat diese Welt geschaffen. Doch dies war nur der erste
Schritt. Gott will mehr. Das hat er schon begonnen. Nur wer
Kreuz und Auferstehung nicht kennt, könnte an der Unvoll-
kommenheit der Welt verzweifeln. – Schwach, wie die Welt
ist, zeigt sie bestimmte Notwendigkeiten, die zwar weise sind,
aber nicht der wirklich letzte Wille Gottes.

WIE GOTT PERSÖNLICH IN DER GESCHICHTE WIRKT

Spezielle Weisen von Gottes Handeln

Nun wenden wir uns einem anderen Gebiet zu, das eben schon
angedeutet wurde. Die Welt kennt nicht nur Gottes Schöpfer-
handeln, die Glaubenden können auch Spuren von Gottes
Handeln in der Geschichte sehen. Und eine der hauptsächli-
chen Fragen der modernen Theologie lautet: Kann Gott
überhaupt in der Geschichte handeln? Früher nannte man dieses Thema »Heilsgeschichte«.
Was die Aussagen des Neuen Testaments betrifft, so müssen
wir nach unserem Ergebnis deutlich unterscheiden zwischen

den Ereignissen, die im Rahmen der Gesetzmäßigkeit und eigenen Gerechtheit der Weltgeschichte zu deuten sind (siehe oben), und dem heilsgeschichtlichen Handeln Gottes im eigentlichen Sinn.

Darunter verstehe ich Aktionen Gottes, die sich nicht im System einer gerechten Weltgeschichte unterbringen lassen. Auch hier versuchen wir, die biblische Anschauung zu rekonstruieren. Gottes Aktivität in dieser Hinsicht besteht aus mehreren Elementen.

Man kann fragen: Warum gerade diese Elemente? Die Antwort: Die Kriterien kann man ablesen an den Texten, die den Menschen seinerseits mit göttlicher Macht ausstatten. Wir fragen also: Unter welchen Bedingungen kann der Mensch – in der Welt – wie Gott handeln? Dann müssten wir zugleich die Maßstäbe für Gottes eigenes Handeln haben. Die Texte müssen daher jene sein, in denen schöpferisches Handeln Gottes auf den Menschen übergeht. Dann wird sein Gebet erhört, dann kann er Berge und Bäume versetzen.

Diese Kriterien sind: Versöhnung (Einheit unter den Menschen; daher dann zum Beispiel Völkermission) und Einung (Einssein bezogen auf außen und innen: glauben und sprechen, beten und hoffen, das Erbetene zu erhalten). Gerade deshalb wird die Heuchelei der Pharisäer angegriffen, weil dieses Einssein fehlt. Es ist ein vergessener zentraler Grundsatz des Urchristentums: Einssein in Wort und Tat, in Glauben und Sprechen, in Beten und Gewissheit.

Wann also und wie handelt Gott in der Geschichte?

Sendung: Gott handelt in der Sendung und Inspiration von heilsmittlerischen Figuren wie den Propheten, dem Gottessohn und den Aposteln inklusive Paulus (und vielleicht weiteren).

Verstockung: Gott handelt in der Verstockung derer, die zuvor schon jeweils die Botschaft ablehnten (vgl. dazu G. Röhser, Prädestination und Verstockung, 1992). Hier spricht die Bibel immer von Gottes eigenem souveränen Handeln. Nach Römer 9 und 11 verstockt Gott auch in der Geschichte des Neuen Testaments, und zwar die nicht an Jesus glaubenden Juden für die Zeit, in der an ihrer Stelle die Heidenchristen in das Gottesvolk hineingenommen werden (1 Thessalonicher 2,16 und Römer 9 und 11).

Gefangensetzen: Gott handelt im Gefangensetzen der Menschen unter Sünde oder Ungehorsam. Nach Römer 11,32 ist dies ein Tun Gottes an seinem Volk. Paulus äußert sich an zwei Stellen ganz ähnlich, in Galater 3,22 und in Römer 11,32. Beidesmal sperrt Gott souverän die Menschen vom Heil weg. Der Sinn dieser durchaus bitteren Aktion ist: Nur durch solches Verhindern gewinnt Gott Raum dafür, sich der ganzen Menschheit zu erbarmen, ohne die erste Liebe zu Israel zu brechen.

Umwandlung von Schuld: Gott handelt in der Umwandlung von Schuld in glückliche Schuld durch eigenes späteres Handeln. Auch hier geschieht etwas, das nur Gott kann und das man auch bei der Beurteilung späterer Ereignisse nicht einfach wiederholen kann.

Völkermission: Gott handelt durch die Eröffnung der Heidenmission für das Volk Gottes. Auch hier ist wieder Gottes Volk der Bezugspunkt von Gottes Handeln. Auch wenn die Durchbrechung der Schranken des Gottesvolkes Israel im Blick auf Völkermission nach den einzelnen Schriften des Neuen Testaments unterschiedlich begründet wird, so sind doch alle darin einig, dass es bei dieser Durchbrechung der Auserwähltheit um ein qualifiziertes Handeln Gottes geht.

Auferweckung Jesu: Gott handelt durch die Hereinnahme des Beginns der Neuen Schöpfung in diese Welt durch die Auferweckung Jesu von den Toten. Wie die Sendung des Geistes, so überschreitet auch dieses Geschehen wesentlich den Horizont der Ersten Schöpfung.

Sendung des Heiligen Geistes: Gott handelt durch die ungeteilte und endgültige Gegenwart als Heiliger Geist bei den Getauften und in ihrer Mitte (und so durch die Begründung von Kirche). Hier ist in ganz besonderer Weise Gottes Volk gemeint. Nach Paulus ist diese Sendung des Heiligen Geistes ganz strikt daran gebunden, dass der Heilige Geist in der Auferweckung Jesus nunmehr öffentlich ergreift, so dass Jesus dann vor Paulus und den anderen Aposteln erscheinen (1 Korinther 15,5–8) und ihnen so Anteil am Heiligen Geist geben kann.

Kirchengeschichte als Zentrum

Es ist immer misslich, als Theologe und insbesondere von außen her geschichtliche Ereignisse als Strafe oder Prüfung Gottes zu interpretieren. Es ist sicher angemessener und theologisch auch vertretbarer, wenn der Theologe sich auf die Kirche – im Inneren und was das Verhältnis nach außen betrifft – beschränkt. Theologisch vertretbarer ist das deshalb, weil auch nach dem Neuen Testament das Gericht beim Haus Gottes beginnt. Nach 1 Petrus 4,16f gilt: *Wenn einer als Christ leiden muss, soll er sich nicht schämen, sondern gerade deswegen Gott lobpreisen. (17) Denn immer beginnt das Gericht bei Gottes eigenem Haus, so auch jetzt. Wenn es also bei uns schon so anfängt, wie wird es dann erst am Ende die treffen, die Gottes Evangelium ablehnen?* – Das heißt: Wenn die Annahme von Gottes Gericht einen Sinn hat, dann zuerst im Sinne eines Handelns Gottes an seinem eigenen Volk und auf dieses Volk hin (Anregung L. Weimer, 8. 12. 2001). Auch im Neuen Testament (im Alten sowieso) gibt es nur Aussagen über Gottes Handeln in der Geschichte, die vom Volk Gottes als dem Zentrum der Geschichte ausgehen. Hier ist der Maßstab und der Bezugspunkt. Hier liegt der Kern seines zukünftig offenbar werdenden Reiches.

Für die Kirchengeschichte gelten in dieser Hinsicht andere Maßstäbe als für die Profangeschichte.

So ist zum Beispiel der heute verbreitete Verdacht gegenüber glaubenstreuen Christen, sie seien »Getto-Christen«, vielleicht »ein Zeichen, das die Lage bewusster macht und ihnen ein Zeugnis ermöglicht« (S. Hartmann).

Hier darf man auch theologisch am ehesten mit einem Handeln Gottes rechnen. Stellt doch Gottes Volk an sich selbst und in sich selbst am intensivsten die Botschaft des Evangeliums dar (oder verdunkelt sie). Das heißt: Wenn überhaupt, dann darf man Geschichtstheologie anhand der Kirchengeschichte wagen. Das gilt auch für die bis heute andauernden blutigen Verfolgungen von Christen. Noch immer waren sie ein Ausweis für den ungerechten, menschenverachtenden und tyrannischen Charakter des verfolgenden Gegenübers. Und das gilt auch noch für die Augenblicke, in denen Vertreter der Kirche selbst die Attitüden des Feindes der Menschen annahmen. Kirchengeschichte als Ort von Gottes Handeln – das gilt sicher auch im Blick auf Spaltung und Einheit der Christen. Denn Gottes eigenstes Werk ist jede echte Einheit.

Martyrien als Kriterium

Dass Märtyrer in der Geschichte des Heils eine unvergleichliche Position haben, wird schon im Alten Bund vorbereitet, wenn Israel das Schema vom gewaltsamen Geschick der Propheten entwickelt, nach welchem alle Propheten nicht gehört, misshandelt und getötet wurden, Israel jeweils dafür bestraft wurde und schließlich nach dem Ende der Strafe den Weg zu Gott wieder fand. Hier haben wir Ansätze einer Geschichtstheologie vor uns, die auch im Neuen Testament fortgesetzt werden.

Auch in der Offenbarung des Johannes sind die Märtyrer jene Seelen unter dem Altar, die ein baldiges Kommen des Gerichtes erflehen.

Das Martyrium ist der Ernstfall der »Prüfung«, so wurde es schon immer aufgefasst. Geschichtstheologie kann man daher nicht ohne die Kategorie des Martyriums betreiben. Da die Entschiedenheit des Märtyrers unüberbietbar ist, kann man davon ausgehen, dass seine Konfrontation mit dem »Tyrannen« wirklich die Stunde der Wahrheit ist. Die Theologie des

Evangeliums nach Johannes stellt deshalb das ganze Evangelium als Prozess dar, der auf das Martyrium Jesu zuläuft. Über den Sinn des Martyriums Jesu orientiert nach Johannes insbesondere der Dialog im Verhör des Pilatus, in dem es um das Zeugnis für die Wahrheit, nämlich die Wirklichkeit Gottes im Kontrast zur Welt, geht. Im Martyrium gewinnt die Position der Glaubenden die wünschenswerte Eindeutigkeit.

ÜBER DIE FUNKTION DER ENGEL

Eine besondere Rolle der Vermittlung

Die Unterscheidung des heilsgeschichtlichen Handelns Gottes vom Geschichtsgesetz führte uns auf die Funktion der Engel in den Katastrophen, die die Offenbarung des Johannes insbesondere in den Kapiteln 6–18 schildert. Die Engel sind dabei weder auf Exekution des Geschichtsgesetzes festzulegen noch auf ihre Funktionen im Rahmen der Heilsgeschichte.

Mit dieser Zweiteilung ist daher auch ein neuerlicher theologischer Ort für das Wirken der Engel gewonnen. Denn die heilsgeschichtlichen Eingriffe Gottes sind nur wenige epochale Ereignisse. Vieles andere ist Gesetzmäßigkeit der Geschichte, wie die oben aufgezählten Stationen. Um diese beiden Dinge geht es jetzt hier nicht, weder um die große Heilsgeschichte noch um Folgen der Gesetzmäßigkeit der Welt, noch um Naturgesetze im normalen Ablauf.

Aber die Weise, in der Gott in den vielen profanen Situationen des Alltags hilfreich oder strafend gegenwärtig ist, das genau ist der Ort der Rede von den Engeln. Die Offenbarung des Johannes stellt das ebenso dar. Das Wirken der Engel zeigt, wie Gott noch einmal auf ganz andere Weise wirkt. Das geschieht keineswegs durch Wunder, sondern durch natürliche Ereignisse – nach der Offenbarung des Johannes durch Allerweltskatastrophen.

Ist dieses ein theologisch wirklich ernst zu nehmendes Eingreifen Gottes? Sind die Engel so etwas wie Ordnungshüter? Hat die Theologie wirklich recht daran getan, das Wirken der Engel in der Geschichte so zu vernachlässigen?

Die Frage stellen heißt sie verneinen. Denn die Engel sind ein ganz wichtiges Bindeglied zwischen Gott und Welt. Das betrifft vor allem ihre Funktion als Offenbarer. Sie dienen in den meisten Fällen Gott zur Information der Menschen. Sie vermitteln den Menschen Einsicht in das, was Gott wirkt oder eben in das, was notwendig ist. Auch die Einsicht in Gottes Willen vermitteln sie. Sie stehen dafür, dass dem Menschen viele Geschehnisse, welcher Art sie auch immer sind, nicht stumm bleiben. Die Engelerfahrung steht für geschenkte Einsicht. Mustergültig kann man diese Rolle der Engel beim Ostergeschehen beobachten. Nach Matthäus 28,2–4 steht die Epiphanie des Engels (Erdbeben, Wegrollen des Steines, strahlende Gestalt) in Kontrast zum unsichtbaren Wirken Gottes bei der Auferstehung Jesu, die nach Matthäus sicher aus dem verschlossenen Grab heraus geschah. Das eigentliche Wirken Gottes (die Auferweckung Jesu) ist unsichtbar und unerfahrbar. Der Engel aber bringt durch die Massivität der Erscheinung und durch seine Botschaft den Menschen Offenbarung von dem Wirken Gottes.

Auch das ist ja Einsicht, wenn bestimmte Ereignisse wie die Katastrophen der Offenbarung des Johannes dadurch aus ihrer scheinbaren Sinnlosigkeit befreit werden, dass sie als Wirken von Engeln erkennbar werden.

Dass ein Engel erfahrbar wird, bringt auch Gottes schützendes Handeln am Einzelnen im Alltagsleben ans Licht. Der Engel vermittelt uns die Einsicht: Es ist Gott, der dich führt. Um welches Handeln Gottes geht es da? Um Gottes unfassbares Handeln jenseits von Geschichtsgesetz und Naturgesetz? Auch um Gottes persönliche Verbindung zu unserem Alltagsleben. Gott ist unfassbar – eben nicht allein in den großen Kategorien, sondern quer dazu im Wirken der Engel. Es ist ein leises, verborgenes Wirken. Die Rede von Engeln steht

dafür, dass wir von diesem Wirken dennoch Spuren entdecken, dass das Geheimnisvolle Licht für uns wird.

Das ist dann ganz gemäß Martin Luthers Abendsegen: »Dein
heiliger Engel sei mit mir, dass der böse Feind keine Macht an
mir finde.« Oder wie es Tobit 5,22 sagt: »Sein guter Engel
wird mit ihm ziehen.« Aber selbst im Tobitbuch offenbart sich
der leibhaftige Freund erst im Nachhinein (12,15) als Engel
Gottes. Das beobachteten wir auch sonst: Immer erst im
Nachhinein erweist sich, ob in einem Vorgang Gottes »Hand«
im Spiel gewesen ist.

Schutzengel

Man kann Matthäus 18,10 für die Schutzengel-Vorstellung in
Anspruch nehmen. Der Ton liegt an dieser Stelle allerdings
darauf, dass der Engel jedes einzelnen Christen direkt vor Gott
steht, also ein »Angesichtsengel« ist. Das bedeutet: Wer diesen Christen behelligt, soll bedenken, dass dieser Christ über
seinen Engel »sehr gute Verbindungen« zu Gott hat. Das heißt,
der Engel schützt nicht direkt. Aber über den Engel hat jeder
Christ einen »kurzen Draht« und einen nur kleinen Weg zu
Gott. Falls der Christ bedroht ist, wird daher Gott für ihn Par-
tei ergreifen.

Die andere Hälfte der Schutzengel-Vorstellung wird belegt
durch Psalm 91,11f (*Seinen Engeln hat er ja zu deinem Schutz
befohlen, dass sie dich behüten auf allen deinen Wegen, dass
du mit deinem Fuß nicht stößt an einen Stein*). Doch hier sind
die Engel im Plural. Daher kann man sich für die Anschauung, dass jeder Einzelne einen Engel hat, auf Matthäus 18,10
stützen, für den Schutz vor allem Bösen aber auf Psalm 91.

Die Art, in der die wissenschaftliche Theologie mit Engeln
umgeht, insbesondere mit Schutzengeln, offenbart zweifellos
eine große Praxisferne. Der bekannte Kommentator des Mat-
thäus-Evangeliums Ulrich Luz erklärt dazu in der ökumeni-
schen Kommentar-Reihe: Die Schutzengel-Vorstellung wur-

zele »in einem vergangenen Weltbild«, und man müsse deshalb auf die konkrete Schutzengel-Vorstellung verzichten. Matthäus 18,10 besage für uns heute nur etwas über die besondere Nähe Gottes zu den Niedrigen und Verachteten (Das Evangelium nach Matthäus, EKK I/3 [1997], S. 32f). Dieser sozialethischen Entsorgung der Schutzengel-Vorstellung steht auch die reformatorische Tradition entgegen. Martin Luther pflegte am 29. September, dem Fest des Erzengels Michael, über Schutzengel zu predigen. Ist die Antwort auf die Frage nach der Existenz von Engeln abhängig vom jeweiligen Weltbild? Meines Erachtens nicht. Die Existenz von Engeln ist nicht davon abhängig, ob die Erde um die Sonne kreist oder umgekehrt. Sie ist eine Frage des Gottesbildes, eine Frage nach dem Verhältnis zwischen Gott und Mensch, eine Frage danach, ob und wie Gottes Wirken in der Welt Spuren hinterlässt oder nicht.

Es geht mir in der Folge darum, eine Brücke zu schlagen zwischen der immer noch sehr volkstümlichen Vorstellung vom Schutzengel und der »hohen Theologie«. Offenbar hat sich die Theologie wissenschaftlich nur mit den »großen« Themen (zum Beispiel der Versöhnungslehre) abgegeben, hat aber die Seelsorge weitgehend der Psychologie überlassen. Sie redet zwar von Gottes Liebe zur Menschheit, lässt aber den Einzelnen ohne konkreten Schutz durch Gott. Sie hat sich sozusagen mit dem Makrokosmos beschäftigt, aber übersehen, dass der Einzelne und die Sorge um ihn einen Mikrokosmos darstellt, der das Große »im Abbild« ist. Für unser Thema ist das deshalb wichtig, weil die Art, in der sich Gott um jeden Einzelnen kümmert, ein Abbild und ein Spiegelbild seiner Weltregierung im Ganzen ist. Gott liebt nicht nur die »allgemeine Menschheit«, sondern ist konkreter Schutzherr jedes Einzelnen.

Die Bibel und auch die Volksfrömmigkeit nehmen an, dass die Art, in der sich der große Gott um Kleines kümmert, durch die Vermittlung der Engel geschieht. Man muss das nicht annehmen, aber man darf das tun. Vielleicht erleichtert es den

Glauben an den großen Gott, wenn wir das so annehmen. Denn sonst könnten Menschen fragen: Wie ist es möglich, dass sich Gott gerade um meine Kleinigkeiten in dieser Situation kümmert? Wo doch seine sanfte, große Macht gerade in solchen »kleinen« Situationen erfahrbar ist.

Sind Engel also nur eine Vorstellungshilfe? Wer so fragt und dann gegebenenfalls ein Ja erwartet, stellt die falsche Frage. Denn hier kann man nicht trennen zwischen der »eigentlichen Sache« und der »bloßen Vorstellung«. Die »eigentliche Sache« ist für uns Menschen abgesehen von Visionen und Auditionen nicht greifbar. Und dass es sich um »bloße Vorstellungen« handelt, ist durch die Verankerung in der Offenbarung ausgeschlossen. Folglich wird man anders deuten müssen: Die Erfahrungen von Macht und Geborgenheit, von Schutz und Behütetsein drängen sich geradezu auf. Sie werden gedeutet im Lichte der Aussagen der Bibel. So werden Erfahrungen geklärt, religiös eingeordnet und notfalls auch kritisch beurteilt. Die Offenbarung ist der Maßstab. Die Klärung und Sortierung unserer Erfahrungen und Vorstellungen durch die Bibel ist ein Vorgang, der durchaus mit Wahrheitsfindung zu tun hat. Denn im Licht der Bibel geht es hier nicht um diffuse, dunkle oder neblige Mächte, sondern um helle Mächte, die so etwas wie Gottes verlängerter Arm sind.

Mikrokosmos und Makrokosmos

Im Abendsegen beten Christen mit Martin Luther: »Dein heiliger Engel sei mit mir, dass der böse Feind keine Macht an mir finde.« Luther meint ohne Zweifel den Engel Gottes, den er je für mich abgeordnet hat.

Im Unterschied zum Heiligen Geist, der Menschen zu Gottes Kindern macht, uns die Kraft zur Liebe gibt und unseren Leib in der Auferstehung ergreift und verwandelt, geht es bei Gottes Engel um die Schutzmacht, die Böses abwehrt. Ähnlich wie Michael den Drachen besiegt.

Wenn wir, was Gottes Vorsehung betrifft, zwischen Mikro- und Makrokosmos unterscheiden und den Schutzengel dem Mikrokosmos zuordnen, zeichnen wir ein Stück Religionsgeschichte des Gottesvolkes nach. Denn im alten Israel ist Gott der Gott dieses Volkes und damit aller Kinder Abrahams. Sein Engel, der zum Beispiel zu den Erzvätern gesandt wird, hat immer Bedeutung für den Einzelnen und für alle anderen Kinder Abrahams. Spätestens seit dem Exil ändert sich das: Man erkennt immer mehr, dass Gott, der Schöpfer, auch bleibend für die ganze Welt zuständig ist, ja seine Herrschaft am Ende durchsetzen wird. Hand in Hand mit dieser Globalisierung geht die steigende Bedeutung Gottes für jeden Einzelnen. Damit wird die Fürsorge Gottes einerseits weltweit, andererseits erfasst sie jeden Einzelnen. Im Zusammenhang mit der Rolle des Einzelnen wächst auch die Bedeutung der Engel. Durch sie wird der universale Gott spürbar. Wo also früher der Gott des Volkes Israel stand, nimmt man jetzt den Gott an, der die ganze Weltgeschichte lenkt und zugleich den Weg jedes Einzelnen.

DIE DUNKLE KEHRSEITE

Die Fragestellung

Wenn Gott sich positiv um die Welt kümmert und sein Schöpfungswerk fortsetzt, dann entsteht auch die Frage, ob Gott auch durch Leiden und Qual in die Weltgeschichte eingreift oder doch zumindest dieses steuert. Die Frage ist dann bald an der entscheidenden Stelle angelangt, wo man fragen muss: Ist Auschwitz Gottes Wille? Es ist immerhin erstaunlich, wie leicht moderne Theologen bereit sind, alles Böse »von Gott« kommen zu lassen. Gott habe eben eine erbarmende und eine erbarmungslose Seite, und die Schlussbitte des Vaterunsers könnte lauten: »Erlöse uns von dir, von deiner bösen Seite.« Gemeint wäre ein Appell an den hellen Gott gegen den dunklen Gott. »Gott möge sich gegen sich selber widersetzen« (Herbert Vorgrimler, 1999). Die Konsequenzen aus diesem Ansatz kann ich vom Neuen Testament her nur als ungeheuerlich bezeichnen.

Denn wenn Paulus in 1 Korinther 15,26 sagt, Gott werde als »letzten Feind« den Tod besiegen – besiegt er da den Tod in sich selbst? Das ist nun eindeutig widersinnig. Nein, Gott wollte Auschwitz nicht. Er will den Tod überhaupt nicht, und wenn er ihn zulässt, dann ist solches Zulassen von einem Herzenswunsch zu unterscheiden. Denn es kann ja sein, dass Gott den Tod zulässt, weil diese Schöpfung nicht alle ernähren und aushalten kann, die je und je lebten. Der Tod gehört zur jetzigen unvollkommenen Schöpfung. Eine Neuauflage der Schöpfung ohne Tod ist in Vorbereitung.

Nun darf man aber nicht verschweigen, dass das Neue Testament Dinge kennt, die von Gott her kommen und die als negativ erfahren werden. Es geht um Leiden und sogar auch um Tod. Aber es liegt außerordentlich viel daran, alles das, was die Bezeichnung »gemeiner Mord an Unschuldigen« verdient, davon zu unterscheiden. Denn die mangelnde Unterscheidung an dieser Stelle brachte es mit sich, dass man den Mord an Jesus wie auch Auschwitz als Ausdruck des Willens Gottes missverstand.

Der von Menschen gewollte und verübte Mord ist deutlich zu unterscheiden von dem, was die Bibel sonst an negativen Erfahrungen auf Gott zurückführt. Solche notwendigen Unterscheidungen werden im Folgenden vorgenommen.

Tod als Tatfolge

Der Tod der beiden Christen Ananias und Saphira in Apostelgeschichte 5,1–11 wird als gerechte Tatfolge angesehen. Denn sie haben, als sie entgegen ihrer Aussage einen Teil ihres erlösten Geldes verschwiegen haben, »gegen den heiligen Geist gesündigt« (vgl. 5,3). Und das hat sofortigen Tod zur Folge, denn es ist wie die Berührung mit einer Hochspannungsleitung oder, wie im Alten Testament, die Berührung mit der Bundeslade als dem Ort der heiligen Gegenwart Gottes. Was hier die beiden Christen ereilt, ist nichts weiter als die selbstverständliche Folge einer Tat. Daher geht es hier nicht um eine besondere Strafe Gottes, sondern um eine Art »idealtypischen Automatismus«. Ähnlich ist es bei der Sünde gegen den Heiligen Geist auch sonst. Hier wirkt schlicht der Zusammenhang von Tun und Ergehen. Ganz zu Anfang der Apostelgeschichte wird so den Lesern bewusst gemacht, dass Gott auch im Zeitalter der Apostel von schrecklicher Hoheit ist und nicht mit sich spaßen und spielen lässt.

Gott als züchtigender Pädagoge

Der Herr züchtigt den, den er lieb hat (Sprüche 3,12). Dieser alttestamentliche Satz hat im frühen Christentum – und auch bei den Rabbinen – eine ganz außergewöhnliche Beliebtheit erlangt. Uns erscheint dieser Satz unverständlich und mit dem Gottesbild unvereinbar, besonders seitdem etwa ab 1960 in unseren Breiten die Prügelstrafe auch an Gymnasien abgeschafft wurde. Aber sie hatte immerhin bis dahin gegolten. Oft genug wurde sie ideologisch legitimiert durch den Satz aus Sprüche 3. Abgesehen von der Frage der Verträglichkeit mit gerade unserem Gottesbild ist zunächst der biblische Befund nüchtern zur Kenntnis zu nehmen.

Nach dem hebräischen Text von Sprüche 3 lautet der Abschnitt: *Die Zucht des Herrn, mein Sohn, verachte nicht, sei nicht verstimmt ob seiner Züchtigung! Denn wen der Herr in Liebe hegt, den züchtigt er, und wie ein Vater seinem Sohn, so ist er wohlgesinnt* (Übers. V. Hamp). – Innerhalb des Buches der Sprüche ist dieser Doppelvers ohne Entsprechung. »Zur Sinndeutung des Leides hat sich die Spruchweisheit nicht mit der gleichen Entschlossenheit geäußert, wie sie dies zu anderen Problemen der menschlichen Existenz getan hat. Ihrem ganzen Lebensverständnis entsprechend konnte sie im Leid primär nur eine selbstverschuldete Störung einer als normal empfundenen Lebensordnung sehen. Dass mit der Ausklammerung dieser Frage ein Defizit hinterlassen wurde, musste in dem Augenblick spürbar werden, in dem zur Lebenserklärung und Lebensgestaltung mit Nachdruck der Jahweglaube herangezogen wurde, wie es in dem vorliegenden Abschnitt geschieht. Hier hat die Weisheit die auch von ihr postulierte und zur Erziehung als notwendig erachtete Züchtigung des Kindes durch den Vater auf das Verhältnis Jahwes zum Menschen übertragen und damit einen Weg zur Sinngebung des Leides gewiesen. Wie schwierig dieser Weg zu begehen ist, zeigt der Dialog des Hiobbuches« (Otto Plöger, Biblischer Kommentar, Sprüche Salomos, S. 35).

Aus dem Judentum sind einige Texte zu nennen, die zeigen, in welcher Hinsicht hier die Grundkonzeption weitergesponnen wurde:

Weisheit Salomos 12,20–22: »Denn wenn du die Feinde deiner Kinder und solche, die des Todes schuldig sind, mit solcher Nachsicht und Großzügigkeit straftest – der du ihnen Zeit und Raum gabst, von ihrer Bosheit frei zu werden –, (21) wie groß war erst die Sorgfalt, mit der du deine Söhne richtetest, deren Vätern du Eidschwüre und Verträge voll guter Zusagen gegeben hattest? (22) Während du uns erziehst, geißelst du unsere Feinde tausendfach, damit wir, wenn wir richten, deine Güte bedenken, wenn wir aber gerichtet werden, dann auf Erbarmen hoffen.«
Philo, Wie Erziehung und Gnade 177: »Für so schön gilt also die Strafe und Zurechtweisung, dass durch sie das Bekenntnis zu Gott zur Verwandtschaft mit Gott wird. Denn was ist dem Vater vertrauter als der Sohn und dem Sohn als der Vater?«
Philo, Dass das Schlechtere dem Besseren nachstellt 144–146: »Deshalb, meine ich, sollten die nicht ganz Befleckten lieber bestraft als von Gott verlassen zu werden wünschen. Denn das Verlassen wird sie mit Leichtigkeit zu Grunde richten wie Schiffe ohne Tiefgang und ohne Steuermann, die Bestrafung aber wird sie wieder aufrichten. (145) Oder sind nicht die Menschen, die von ihren Erziehern geschlagen wurden, wenn sie fehlten, besser als die gar nicht erzogenen, die von ihren Lehrern, wenn sie in ihren Arbeiten Fehler machten, ausgescholtenen besser als die, die keinen Tadel bekommen haben? Sind nicht erfolgreicher und

tüchtiger als die jungen Leute, die nicht beaufsichtigt wurden, jene, die vor allem einer natürlichen Aufsicht gewürdigt wurden? ... (146) Flehen wir darum zu Gott, wenn wir durch unser Gewissen der eigenen Verfehlungen überführt sind, uns lieber zu strafen als zu entlassen. Denn wenn er uns entlässt, wird er uns nicht mehr zu seinen, des Gnädigen, sondern zu Sklaven der unbarmherzigen vergänglichen Welt machen. Straft er uns aber, so wird er nachsichtig und mild in seiner Güte unsere Fehler wieder gut machen, indem er den zurechtweisenden Tadel, sein eigenes Wort, in unsere Seele entsendet, durch das er sie um ihrer Sünden willen schmäht und schilt und retten wird.«

4 Makkabäer 10,10: »Wegen unserer Erziehung und um des rechten Tuns willen leiden wir dieses.«

2 Makkabäer 6,12–16: »Ich bitte nun die Leser dieses Buches, nicht mutlos zu werden wegen der Unglücksfälle, sondern zu bedenken, dass die Strafen nicht zum Verderben, sondern zur Erziehung unseres Volkes bestimmt sind. (13) Denn schon dies ist ein Zeichen großer Gnade, dass den Gottlosen keine lange Zeit freie Bahn gelassen wurde, sondern dass sie bald ihren Strafen verfielen. (14) Denn während der hochherzige Herr auch bei anderen Völkern mit der Züchtigung wartet, bis sie selbst zur Erfüllung ihrer Verfehlungen gelangen, so hat er in unserem Falle nicht ebenso entschieden, (15) damit er sich nicht, wenn wir zum Ende der Verfehlungen gelangt seien, danach an uns räche. (16) Deshalb entzieht er uns nie sein Erbarmen, sondern er verlässt sein Volk nicht, auch wenn er es unter Leiden erzieht.«

2 Makkabäer 7,33: »Ich bitte euch nun, daran zu denken, dass die Strafen nicht zum Verderben führen, sondern zur Erziehung unseres Geschlechtes dienen sollen.«

Psalmen Salomos 3,4: »Der Gerechte achtet es nicht gering, wenn er vom Herrn gezüchtigt wird, er erwartet stets das beste von seinem Herrn.«

Psalmen Salomos 8,26: »Wir geben Recht deinem Namen, der in Ewigkeit kostbar ist, denn du bist der Gott der Gerechtigkeit, der Israel mit Züchtigung richtet. Wende uns, o Gott, deine Barmherzigkeit zu ...«

Psalmen Salomos 13,7–10: »Die Züchtigung des Gerechten und die Vernichtung des Sünders sind nicht dasselbe. Im Verborgenen wird der Gerechte gezüchtigt, dass der Sünder sich nicht über den Gerechten freue. Denn Gott wird den Gerechten ermahnen wie einen geliebten Sohn, und dessen Züchtigung ist wie die eines Erstgeborenen. Denn der Herr wird schonen seine Frommen, und ihre Übertretungen wird er durch Züchtigung tilgen.«

Psalmen Salomos 14,1: »Treu ist der Herr denen, die ihn lieben in Wahrheit, die seine Züchtigung aushalten.«

Psalmen Salomos 18,4f: »Deine Züchtigung für uns ist wie die für einen erstgeborenen, einzigen Sohn, um abzuwenden einen Gehorsamen von Torheit in Unwissenheit. Gott reinige Israel für den Tag der Barmherzigkeit mit Segen …«

In Hebräer 12 wird die Gemeinde zur Leidensbereitschaft ermuntert: *(4) Noch habt ihr im Kampf gegen die Missachtung Gottes noch nicht bis zum Äußersten, bis aufs Blut widerstehen müssen. (5) Die folgende Mahnung ist an euch gerichtet, denn ihr seid doch die Kinder:* »Mein Kind, wenn Gott dich erzieht, so nimm das ernst. Wenn er dich straft, sei nicht niedergeschlagen. Denn der Herr erzieht nur, wen er liebt. Jedes Kind, das er annimmt, das stellt er unter seine Zucht.« *(7) Haltet also Gottes Erziehung geduldig aus. Alle Eltern erziehen ihre Kinder. (8) Würde euch Gott nicht erziehen, dann wärt ihr Bastarde, aber nicht seine richtigen Kinder. (9) Unsere menschlichen Eltern haben uns erzogen, und wir hatten Respekt vor ihnen. Dem Vater und Herrn der Geister müssen wir uns jedoch gehorsam unterwerfen, damit wir leben können. (10) Menschliche Eltern erziehen ihre Kinder nur für kurze Zeit und so, wie sie es für gut halten. Gott aber erzieht uns zu unserem Besten, damit wir Anteil an seiner Heiligkeit gewinnen. (11) Erziehung ist zunächst niemals ein Spaß, sondern tut eher weh. Doch vom Ergebnis her betrachtet, befähigt sie zu Frieden und gerechtem Handeln. (12) Deswegen: Strafft eure müden Arme und streckt eure lahmen Knie!* – Zu dieser Stelle bemerkt Hans-Friedrich Weiß (Der Brief an die Hebräer, Göttingen 1991, S. 646–648): »Die Adressaten haben auch bisher schon nicht das Äußerste eingesetzt. Der Verfasser wendet sich gegen jede Entmutigung durch Leiden. Solcher Entmutigung – der akuten Gefahr der Adressaten des Hebräerbriefs – wird bereits die Herkunft des Leidens entgegengestellt. Nicht die Sünde verursacht diese Leiden, und sie führen auch nicht vom Herrn fort, sondern sie sind Zeichen der Liebe Gottes zu seinen Kindern.« Bei der *paideia* (Erziehung) hier gehe es nicht um das klassisch-griechische Bildungsideal, sondern um die Zurechtweisung und Züchtigung der biblisch-jüdischen Weisheit. Denn die Adressaten sollen »ertragen« und

»duldsam sein«, und »bis aufs Blut« meine vor allem den »bedingungslosen Einsatz«.

Die bekannteste Auslegung dieser Stelle gibt Paulus in 1 Korinther 11,29–32: *Die Gemeinde ist Leib Christi. Wer das für das Mahl nicht bedenkt, zieht Gottes Strafgericht auf sich. (30) Deswegen sind so viele krank und schwach bei euch oder sterben früh. (31) Wenn ihr weniger selbstgefällig wärt, würde ein derartiges Strafgericht Gottes überflüssig. (32) Doch wenn Gott uns so straft, dann will er uns erziehen, solange noch Zeit ist, damit wir nicht dereinst zusammen mit der gottlosen Welt verurteilt werden.* – Paulus sieht die Krankheiten und Todesfälle bei jungen Leuten in seiner Gemeinde offenbar im Sinne der »Züchtigung« der Tradition. In diesem Kontext rechnet er mit drei Arten von Gericht: Am besten wäre es, wenn die Gemeinde selbstkritisch mit sich selbst ins Gericht gehen würde. Dann wäre anderes überflüssig. – Da das aber nicht geschehen ist, gibt es die gegenwärtige Form von Strafgericht, die eine »Züchtigung« ist. – Dadurch aber wird verhindert, dass die Gemeinde zusammen mit den Heiden in das Gericht für Außenstehende kommt, denn das ist ein Vernichtungsgericht. Dieses wird Gott der Gemeinde ersparen.

Aus dem Neuen Testament ist ferner Offenbarung 3,19 zu nennen: *Wen ich liebe, dem sage ich, was für Fehler er hat, und versuche, ihn zu bessern. Nimm es an und kehre um!* – In dieselbe Richtung weisen alle zwischen Kapitel 6 und 9 der Offenbarung genannten Plagen. Laut 9,21 bzw. 11,13 haben sie allein den Sinn, die Umkehrung der Menschen zu bewirken. Allzu optimistisch ist der Seher Johannes jedoch nicht, ob das eingesetzte Mittel hilft. Denn es sind nur wenige, die sich bekehren (11,13). Der Unterschied zur Auslegung von Sprüche 3,11f ist übrigens, dass in Offenbarung 6–11 nicht die Auserwählten die Adressaten von Gottes Strafe sind, sondern alle Menschen außerhalb.

Die Theologie der Züchtigung Gottes enthält einige Elemente, die konstant bleiben und auch in späten Texten wiederkehren:

- Es geht um eine bestimmte Deutung von Leid und Katastrophen, und zwar solchen, die Gottes Volk getroffen haben.
- Die Auskunft, die Leiden dienten der Erziehung, nimmt den Leiden den Aspekt der Hoffnungs- und Aussichtslosigkeit.
- Vielmehr werden die Leiden gegen den Augenschein als Zeichen einzigartiger Liebe und Fürsorge Gottes gedeutet.
- Das gilt auch dann, wenn Menschen diese Züchtigungen ausführen. Zwischen der Aktivität Gottes und der von Menschen beim Zufügen des erzieherischen Leides wird hier nicht die geringste Konkurrenz angenommen.
- Es herrscht der Grundsatz: Hart gestraft zu werden ist vielfach besser, als gar nicht zu Gottes Volk zu gehören.
- Das Ziel des Strafhandelns ist Umkehr auf der Seite des Volkes und Reinigung von Schuld durch das Strafleiden vor Gott; dieses hat demnach Sühnefunktion. – Von daher verwundert es nicht, wenn man im Mittelalter Jesu Tod als Strafgericht, und zwar in Vorwegnahme und Ablösung des Weltgerichts ansah (so auch zum Teil bei Martin Luther).
- Nach Philos Ansicht ist das Besserungsgericht verbunden mit Gottes Tadel, der in die Seele dringt. Es fehlt daher auch ein verbales Geschehen nicht. Der Seher Johannes bringt diesen theologischen Sinn genauso zum Ausdruck wie Paulus. Das »offenbarende Wort« gehört dazu, um etwas als Strafe Gottes in diesem Sinne – als Ausdruck seiner Liebe – zu verstehen.

Im Ganzen und immer wieder neu versuchen hier Weise und religiöse Lehrer, das zunächst Unerklärliche zu deuten, weshalb Gottes Volk oder Gottes Gemeinde weiterhin leiden muss wie andere auch. Die Lösung: Nein, wenn zwei leiden, so ist doch nicht ein Leiden dem anderen gleich. Es gibt ein Leiden der Erwählten, und das weist nach vorne und nach oben in Richtung Besserung und Begnadigung. Und es gibt ein Leiden der anderen, das nichts weiter ist als der erste Schritt zum Gericht. Insofern kann der Gerechte sich geradezu freuen, wenn er leidet, denn für ihn ist das zum einen Zeichen dafür, dass Gott ihn liebt, zum anderen aber eine Gelegenheit zur Umkehr, um so bei der Erwählung zu bleiben. Der frühchristliche Ansatz der »Freude im Leiden« hat wohl gleichfalls hier seinen Ursprung. Es gibt Leiden, das einem wider den Augenschein bestätigt, dass man auf der richtigen Seite steht.

Was soll man mit diesen Überzeugungen heute anfangen? Wenn Gott als Pädagoge züchtigt, dann könnte man geschichtliche Ereignisse als Strafgerichte Gottes im Sinne der Besserungsstrafe deuten. Ist das legitim – oder klerikale Willkür, die nur peinlich ist?

Kann man, wie Paulus das in 1 Korinther 11,30 tut, bestimmte Leiden als Besserungsstrafen erklären? Muss man nicht als moderner Mensch gegen dieses (paulinische!) Gottesbild protestieren? Nun liegt das aber am Verständnis von 1 Korinther 11,30: Wir übersetzen: *Deswegen sind so viele krank und schwach bei euch* und meinen damit in unserem Verständnis die Kausalität. Da wir im Rahmen der Vorherrschaft der Naturwissenschaft Beziehungen in der Regel sofort nur kausal zu begründen pflegen, machen wir hier in unserer Deutung Gott verantwortlich und kommen dann zu einer Belastung des Gottesbildes. Eine der Belastungen besteht darin, dass Leiden dabei kausal mit Sünden verknüpft werden (Weil ihr gesündigt habt, hat Gott euer Kind behindert zur Welt kommen lassen). Dieser Standpunkt wird nun allerdings schon von Jesus in Johannes 9,3 ausdrücklich zurückgewiesen.

Das »darum« in 1 Korinther 11,30 kann man in der Tat auch anders übersetzen, nämlich im Sinne der Zielursache. Also nicht »deswegen«, sondern »dazu«.

Auch in Johannes 9 ersetzt Jesus die Frage nach der Wirkursache durch die Angabe des Zieles: Weder hat der Blinde gesündigt noch haben seine Eltern das getan. Sondern das Ganze geschah, weil es ein Zeichen werden sollte, das auf Gottes Herrlichkeit hinweist. Denn Jesus wird diesen Blinden heilen. Natürlich gibt es für die Blindheit des Blindgeborenen eine Wirkursache. Aber sie interessiert Jesus gar nicht, das muss er den Jüngern sagen. Ihn interessiert allein, was aus dieser

Krankheit werden und wozu sie dienen kann. Sie kann geheilt werden, und daran wird Gottes Herrlichkeit sichtbar. – In diesem Licht verstehen wir jetzt die Krankheiten in 1 Korinther 11,30: Die Wirkursachen sind innerweltlich (Ansteckung, Altersschwäche, Unfälle). Doch diese Leiden können eine neue Funktion bekommen, wenn sie zur Umkehr führen.

Gott wäre nur dann belastet, wenn er der Verursacher wäre. Es liegt an der Gemeinde, diese Leiden als Chance zu nutzen, um das Verhältnis zu Gott im Sinne der Umkehr wieder in Ordnung zu bringen. Zielursache nennt man daher eine Funktion, die ein Ereignis für die Zukunft bekommen kann. Dabei überlagern sich Wirkursache, die in die Vergangenheit weist, und Zielursache, die in die Zukunft weist. Der Urheber, also das Woher und das Warum werden zusehends unwichtig gegenüber dem Wozu. Und dieses, nur dieses hat hier mit Gott zu tun.

In diesem Sinne kann man von Besserungsstrafen reden, und dann werden die biblischen Texte über Gott als den züchtigenden Pädagogen sinnvoll. Die Leiden sind in diesem Sinne nicht Minderung von Lebensmöglichkeit und Diebstahl an der Lebenssubstanz der Gemeinde, sondern sie eröffnen neue Spielräume.

Ereignisse als Gottesgericht?

Wollte Gott den Terroranschlag vom 11. September 2001 als Strafe verstanden wissen? Ist Terror eine Strafe für Gier und Arroganz eines Landes? Und für einen anderen Fall: Waren die Schrecken des Zweiten Weltkrieges eine Strafe Gottes für Deutschlands Verbrechen und Unglaube?

Grundsätzlich gilt, was bereits gesagt wurde: Jedes große oder kleine Ereignis kann zum Hinweis und Zeichen für Gottes Anrede werden. Und wie auch sonst bei Leid und Katastrophen ist dann alles eine Frage der Sprache. So hat Reinhold Schneider in seinen Sonetten die Endphasen des Zweiten

Weltkrieges als apokalyptisches Gottesgericht beschrieben. Diese Sonette sind auch heute noch überzeugend. Sie haben nichts von ihrer Brisanz verloren:

Apokalypse VII (aus: Stern der Zeit, Krefeld 1948, S. 42)

»Du kommst, mein Gott. Im Fiebertraume nennt
Die Erde Dich. Die Kreuze alle weisen
Entflammt zum Kreuz empor, das Du verheißen,
Dem Tag zum Zeichen, der kein Ende kennt.

Durch Wolken bricht Dein glühend Element
Mit Schwerteströgern, die wie Adler kreisen;
Du wirst der Mächtigen Throne niederreißen
Und jede Mauer, die von Dir noch trennt.

Wir sind umzingelt, und wir werden fallen
In Deine Macht. Im schrecklichsten Gericht
Schenk uns der Liebe innigste Gewalt!

Schon schmettern Reiche hin wie morsche Hallen,
Und die noch thronen, sehn Dein Angesicht.
Wir aber bitten: Komm! O komme bald.«

Oder aus dem Gedicht »Am Abend der Geschichte V« (ebd. S. 31):

»Dem Volke weh, das sich dem Tod verschwor!
Das Gottes Ehre gab um eigne Ehre
Und an den Dämon die Gewalt der Heere,
Dem Volke wehe, das sich selbst verlor!
…
Die Reiche sind nur Acker ewiger Frucht
Und schwinden alle. Hier ist heiliger Ort.
Nun lebt in Gottes ungeteiltem Reich!«

Aber das ist dann in der Situation und von den Betroffenen zu leisten. Die Frage ist, ob dieses poetische oder seelsorgerliche Eingehen auf eine Situation im weiteren Sinne theoriefähig ist. Darf oder muss man hier als systematischer Theologe vom »Gottesbild« oder dergleichen sprechen?

Nun kann man allerdings fragen, ob eine andersartige theologische Umsetzung, Einordnung oder Theoretisierung überhaupt sinnvoll ist. Es liegt mir auf der Zunge, hier Nein zu sagen. Dabei denke ich insbesondere an den bedenkenswerten Vorschlag von Johann Baptist Metz, Theologie nicht länger abstrakt und auf metaphysischen Höhen zu betreiben, sondern in unmittelbarer Nähe zum Leiden und Hoffen der Menschen, und als Ideal der Theologie nicht allgemeingültige und überzeitlich zeitlose Systeme zu betrachten, sondern in Solidarität mit den im wahrsten Sinne des Wortes »armen« Menschen zu sprechen.

Wenn man dagegen sagt: Ein Dichter oder Prediger darf den Zweiten Weltkrieg als Gericht Gottes beschreiben, ein wissenschaftlicher Theologe nicht, dann spielt auch die Sorge eine Rolle, im Handumdrehen ideologisch zu werden. Denn die Katastrophe des einen ist der Sieg des anderen. Und wer einfachhin von Gericht spricht und dann etwa die Alliierten als Werkzeuge Gottes in diesem Gericht ansieht, der übersieht, dass es auch auf der Seite der vermeintlichen Werkzeuge Gottes Verbrechen gab (wie zum Beispiel die Bombardierung Dresdens). Und wie sollte man die Rolle der »Russen« beschreiben? – Nun ist freilich auch eine Theologie von unten, wie sie Metz propagiert, ideologiegefährdet. Aber vielleicht ist sie wenigstens nicht scheinbar weltenthoben.

Nein, Weltkriege eignen sich nicht für theologische Analyse, die allzu leicht peinlich wird. Die früher über Jahrhunderte (!) übliche Identifikation von weltgeschichtlichen Schreckensgrößen mit dem Antichrist oder dem Aufhalter usw. muss abschreckend wirken.

Es wird deutlich, dass eine seelsorgerliche oder dichterische Annäherung an das Gewicht eines Ereignisses nicht wie eine wissenschaftliche Aussage alle Hinsichten, Perspektiven und Nebenaspekte berücksichtigen kann. Eine existenzielle Annäherung darf und soll den Mut zur Einseitigkeit haben. Sie kann das Phänomen, das sie beschreibt, nicht multiperspektivisch umtanzen, sondern muss sagen, was in der Situation notwendig ist. Das ist unvertretbar, und daher darf ein Prediger zum 1. Advent 1945 sagen: Ja, das ist Gottes Gericht, was wir erlebt haben.

Die Alternative ist wiederum nicht, dass theologische Aussagen auf diesem Gebiet nur subjektiv oder privat wären und Religion dann nur eine über den Einzelnen hinaus nicht verbindliche Perspektive. Nein, der Prediger am 1. Advent 1945 (zum Beispiel in Nürnberg) redet nicht privat, aber für seine Gemeinde und in seiner Kirche. Und in diesem Sinne sind auch die »Schuldbekenntnisse« der Nachkriegszeit zu verstehen und positiv zu würdigen.

THEOLOGISCHE REDE VON GOTTES HANDELN

Theologische Rede im Nachhinein

Wer mutig ist, wird vielleicht einen Schritt weiter gehen können und sagen dürfen: Aus größerem geschichtlichen Abstand und im Bewusstsein, dass alle unsere theologischen Aussagen ohnehin von menschlichen Vorstellungen geprägt sind, sind folgende Feststellungen vielleicht legitim. – Dabei ist noch einmal besonders zu bedenken, dass eine religiös sinnvolle Deutung von Geschichte fast immer nur im Nachhinein möglich ist. Offenbar hängt das mit der Grundausrichtung jüdisch-christlicher Sicht auf die Geschichte zusammen. Diese ist immer am Ende und Ausgang orientiert. Daher nicht die Warum?-Frage, sondern die Wozu?-Frage. Daher auch die Aufforderung, Gottes Handeln vom Ende der Zweiten Schöpfung her (Befreiung vom Tod) zu betrachten. Insbesondere hängt diese Möglichkeit der Betrachtung auch mit der Frage nach Vielfalt und Einheit angesichts von Gottes Handeln zusammen.

Ereignisse sind nicht neutral

Es ist durchaus Aufgabe der Kirche, geschichtliche Ereignisse, etwa Katastrophen, ins Licht der Bibel zu halten und sie nicht in Neutralität zu belassen. Das ist auch schon deshalb nötig, um anderen ideologischen Vereinnahmungen solcher Katastrophen entgegenzuwirken. Schon in der Offenbarung des Johannes geschieht dies mit den damaligen Katastrophen und politischen Gegebenheiten. Was 1945 betrifft, so ist die Deutung als Strafgericht Gottes gegen eine Verharmlosung als »Zusammenbruch« oder als »Sieg der Alliierten« gerichtet.
Es ist aber ebenso angemessen, die Möglichkeit des Neuanfangs nach dem Gericht als »Gnade« zu bezeichnen, wie es gerade Reinhold Schneider immer wieder tut.
Ich erinnere an sein Gedicht »Der Christus von Pfullendorf«, in dem es heißt: »Da sich des Todes Macht zusammenballt: / Wo ist die Gegenmacht, wenn nicht im Wort, / Das rein von innen die Gesetze bricht? / In uns der Engel scheidet zur Gestalt; / Und unbegreiflich blüht die Erde fort, / Begnadet zwischen Hölle und Gericht« (Stern der Zeit, 1948, S. 69).

Der Mensch denkt, Gott lenkt

Es ist aus meiner Sicht durchaus berechtigt, von einem bestimmten Handeln Gottes zu sprechen, das möglicherweise quer zu den Intentionen der Akteure verlief. Man darf sich dafür wohl auf Paulus in Römer 9–11 berufen. Gottes Weg durch die Geschichte ist hier etwas ganz anderes als die Summe der menschlichen Vorhaben und Wünsche. Er steht auch quer zum offenkundigen Eindruck. Paulus stellt diese Differenz zwischen Gott und Mensch mit ungeheurer Kühnheit dar. Dort, sagt er, gerade dort, wo Menschen (die nicht an Christus glaubenden Juden) sich fest an Gottes Verheißungen klammerten, wo sie mit gutem Recht auf ihre Exklusivität pochten, hat Gott sie durch sein Hakenschlagen enttäuscht (Römer 9,31–

10,3). Genau die Auserwähltheit, und das heißt nichts anderes als von Gott geliebt sein, war die Falle, die sie blind gemacht hat für Gottes neues Handeln in und mit Jesus Christus. Sowie man auf sein Recht pocht und sich in der Auserwähltheit sonnt, kann es schon zu spät sein, weil und wenn man nicht fortwährend nur auf Gott blickt und fragt, was er will und nicht man selbst. – Insofern war die Sendung Jesu Christi für das jüdische Volk genau die Falle, die Römer 9,33 beschreibt; *skandalon* heißt »Fallstrick«.

Gott nicht Verursacher

Nur im Rückblick, nicht im Blick auf die Verursachung darf man von Gottes Handeln sprechen. Gott inspiriert nicht zum Legen von Bombenteppichen. Man darf davon ausgehen, dass die Alliierten des Zweiten Weltkriegs nicht aus reiner Selbstlosigkeit handelten, als sie Deutschland befreiten. Es wird, wie oft im Leben, eine gemischte Motivation gewesen sein. Und so ist es auch bei jedem »selbstlosen« Missionar sonst. Die Selbstlosigkeit ist immer nur ein Teil.

Insofern ist Gott nicht notwendig Verursacher dessen, was als Gericht in der Geschichte erfahren wird. Die Folge von Tun und Ergehen wird vielmehr ganz nüchtern für den von der Strafe Betroffenen ein Zeichen für die Wahrheit. Und zu dieser Wahrheit gehört auch die Geschichte der Abwendung von Gott und Kirche.

Keine absoluten Aussagen

Paulus selbst zeigt in seinem geschichtstheologischen Urteilen auch eine gewisse Abhängigkeit von der jeweiligen Situation und damit auch eine relativ große Wandelbarkeit. In seinem frühesten Brief, in 1 Thessalonicher 2,16, äußert er die Meinung, Israel sei vollständig und endgültig dem Zorn Gottes verfallen, und er meint dies wohl im Sinne der Verstockung, das heißt der Unzugänglichkeit für die Botschaft. In den einige Jahre später geschriebenen Kapiteln Römer 9–11 dagegen endet die Geschichte mit einem »Mysterium«, das Paulus jetzt mitteilt: Israel wird wieder angenommen, denn Gott erscheint auf dem Sion, um ganz Israel zu erlösen. Das bedeutet: Wenn sich die Einschätzung des Paulus je nach Situation ändern konnte, um wieviel mehr darf sich das erst bei den später Geborenen ändern.

Inhaltliche Aspekte einer Geschichtstheologie

Die Abfolge von Schuld, Umkehr, Vergebung und Neuanfang ist sicher typisch für eine jede christliche Geschichtstheologie. Dazu kommen Märtyrer und ihre Verfolger. Und die Frage wird je und je sein, ob die Kirche ihre Botschaft glaubwürdig bekannt gemacht hat. Damit geht es um den Wert der Zeugen und die Ausbreitung der Botschaft bis hin zu der Frage, ob und wo die Botschaft imstande war, zum Beispiel soziale Verhältnisse zum Besseren zu verändern.

Christliche Geschichte ist gewiss nicht in erster Linie die des Amtes oder gar Papstgeschichte. Sie ist Geschichte von Zeugnis und Versagen, von Spaltung und wiedergewonnener Einheit, vor allem aber von immer neuen Aufbrüchen »von unten her«.

GOTT ALS VERFÜHRER – SCHICKT GOTT LEIDEN ZUR PRÜFUNG?

Das Wort »Prüfung« meint dasselbe wie das griechische Wort für »Versuchung«.

Die Schlussbitte des Vaterunsers Matthäus 6,12 ist zweiteilig. In unserer Bibelübersetzung (Berger/Nord, 5. Auflage) haben wir übersetzt: *Und führe uns an der Versuchung vorbei und*

befreie uns von dem Bösen. – Denn die übliche Übersetzung
»Und führe uns nicht in Versuchung« ist zwar wortgetreu nach
Lexikon in der Abfolge der griechischen Wörter, aber sie sug-
geriert dem deutschen Leser, was dort nicht steht. Denn wenn
der deutsche Leser hört: »Und führe uns nicht in Versuchung«,
meint er aufgrund der deutschen Idiomatik, dass Gott selbst
so boshaft sein könnte, Menschen ins Unheil zu führen, und
hier gewissermaßen gebeten werde, das nicht zu tun, was er
vielleicht allzu gern täte. Darum kann es jedoch nicht gehen.
Keine neutestamentliche Stelle geht davon aus, dass Gott der
Versucher ist. Überall ist es der Teufel oder – nach Jakobus
1,13–15 – die eigene (böse) Begierde.

Wenn der deutsche Leser hört: »Und führe uns nicht in Versuchung«, denkt er vielleicht auch daran, dass Gott etwas so
appetitlich machen könnte, dass wir darauf hereinfallen. Denn
»in Versuchung führen« heißt: jemanden dazu verleiten, ja dazu
verführen, zu sündigen. Die entscheidende Frage ist daher:
Setzt das Vaterunser ein Gottesbild voraus, wonach Gott der
Verführer ist? Dann ginge die Bitte darauf, diese Neigung oder
Eigenschaft nicht wahr zu machen.

Der griechische Wortlaut aber gibt dieser schlimmen Ahnung
keine Unterstützung. Denn das Griechische legt den Ton eindeutig auf das Führen, Hineinführen. Der griechische Leser
kannte nicht die deutsche Wendung »in Versuchung führen«,
sondern er dachte daran, dass Gott wie ein guter Hirte den
Menschen führt. Nach Psalm 23, der gerade dieses Bild des
Hirten vor Augen stellt, führt Gott den Menschen zu guter
Weide. Sachlich ist mit der Vaterunser-Bitte demnach gemeint:
Gott, der uns führt, soll uns, wenn eine Versuchung am Weg
liegt, schnell vorbei führen. Er soll wie ein guter Hirt die gefährlichen Stellen bei seinem Führen vermeiden, umgehen,
schnell daran vorbei führen. Das aber bedeutet, anders als die
gewöhnliche deutsche Übersetzung nahelegt, eben nicht, dass
die Gefahr und Verführung von Gott ausginge, sondern nur,
dass er die Menschen schnell und sicher daran vorbei führen
möge.

Der entscheidende Unterschied ist also, ob man Gott als die eigentliche potentielle Gefahr und als den Verführer ansieht, oder ob Gott als der Hirte angesehen wird, der an den gefährlichen Stellen sicher und schnell vorbei führt.

Bei der Versuchung Jesu geht die Prüfung vom Teufel aus. Als Jesus am Kreuz hängt, versuchen ihn – nach dem Matthäus-Evangelium – die Menschen mit denselben Worten, die auch der Teufel gebrauchte (*Wenn du Gottes Sohn bist ...;* Matthäus 27,40; vgl. 4,3). In Gethsemane geht die Versuchung davon aus, dass Jesus schwacher Mensch ist, der wie alle anderen die Versuchung durch das Gebet überwinden muss (Markus 14,38). Genau genommen wird ihm seine Angst zur Prüfung. Nach der Briefliteratur und der Offenbarung des Johannes ist der Teufel derjenige, der wie schon bei Hiob den Glauben auf seine Echtheit testet. Zweifellos ist dieses nicht die schlimmste der Aktivitäten des Teufels (gemeiner Mord ist eine andere Ebene), denn irgendwie kann es nur im Interesse Gottes sein, loyale Kinder und Diener zu haben. Nach dem Hiobbuch bittet Satan Gott um Erlaubnis, Hiob prüfen zu dürfen. Spätere Texte reden nicht von einer derartigen Erlaubnis, vielmehr hat sich in den Jahrhunderten des Frühjudentums bis hin zum Neuen Testament das Bild des Satans verfinstert. Die bösen Mächte und Gewalten sind selbstständig geworden und werden als Feinde Gottes und der Menschen von Michael im Himmel und von Jesus auf Erden bekriegt. Von irgendeinem Einverständnis zwischen Satan und Gott kann daher zur Zeit des Neuen Testaments nicht mehr die Rede sein. Die Wahrnehmung des Bösen in der Geschichte ist dramatisch vertieft.

Aus all diesen Gründen kann man nicht davon sprechen, dass »Gott uns Prüfungen schickt«, und man kann ihn mit Matthäus 6,12 nur bitten, uns schnell daran vorbei zu führen. Es ist auch keineswegs der Fall, dass man das Einwirken Gottes auf die Geschichte leugnet, wenn man nicht damit rechnet, dass er Prüfungen sendet. Außer Gott gibt es nach dem Neuen Testament auch anderes, was in der Geschichte wirksam ist, und das sind Sündenmacht, Teufel, Dämonen und jede Art von

Schwachheit. – Wer alles nur gleichmäßig auf Gott zurückführt, bekommt Probleme mit dem Gottesbild. Vorsichtig gesagt muss er »die Theodizeefrage offen halten«, was jedoch im Klartext nichts anderes heißt, als dass das Gottesbild unklar ist. Gott möge, so heißt es, am Ende dafür sorgen, dass es klarer wird. Nein, diese Klarheit ist im Neuen Testament schon ausgesprochen.

Meine Weigerung, das Böse »von Gott« kommen zu lassen, hat außer vielen neutestamentlichen auch einen historischen Grund. Ich weigere mich, Auschwitz auf den Willen und Plan Gottes zurückzuführen. Ich kann nicht sehen, dass dieses fabrikmäßige Morden etwas mit dem Gott Jesu Christi zu tun hat. Nein, das ist die Gegenseite, die Verbrechen von Menschen und das Verführtsein durch eine schillernde Ideologie. Angesichts von Auschwitz kann ich die Theodizeefrage nicht vornehm offen halten.

Synthese: Stufen der Vorsehung

In der Lehrtradition der Kirche behandelt man die Frage, wer unser Leben »bestimmt« und wie Gott dabei wirksam ist, in der Lehre von der Vorsehung.

VORSEHUNG UND SPRACHE

Bibel als Katalysator

Wie ein Wellenbrecher im Meer unserer Wahrnehmungen und Erfahrungen ist unsere Sprache, insbesondere die Sprachwelt der Bibel. Denn in der Berührung mit Sprache offenbart sich, was an den Wellen unseres Lebens »dran« ist, wieviel Kraft sie wirklich besitzen, wie hoch sie wirklich sind und wie vergänglich sie sind.

Die Sprache der Bibel klärt, was geschieht. Sie ordnet es in das rituelle Gedächtnis unserer Religion ein, nämlich in die regelmäßigen Atemzüge der Beter über die Jahrhunderte hin. So erst werden die Erfahrungen jedes Tages wiedererkennbar. Denn die Sprache insbesondere der Bibel ist wie ein Reservoir von untereinander verbundenen Zeichen.

Sprache heilt das Verwundete

Fridolin Stier, der schwäbische Theologe, hat sich mit dem Raben verglichen, den Noah nach der Sintflut fliegen ließ, bis das Wasser der Sintflut wieder vertrocknet war. Er selbst sei wie dieser Rabe »vom Flug über den bodenlosen Abgrund immer wieder zurückgekehrt in die Arche der Sprache. Der

Rabe brauchte die Arche, um zu leben, aber die Gewalt und das Grausen der Flut hat er gesehen« (Süddeutsche Zeitung vom 18. 1. 2002). Das bedeutet: Hier geht es nicht um Schöngeistiges, sondern um das Leiden aller Kreatur.

Die Sprache braucht man, um dennoch überleben zu können. Denn sie fasst das Namenlose, indem sie es kanalisiert, und verhindert so, dass es uns erdrückt. Insofern gewinnt Martin Heideggers Satz von der Sprache als dem »Haus des Seins« hier einen besonderen Sinn: Ohne dieses vertraute Heim wäre das Dasein mörderische Wüste.

Sprache – etwa die Sprache der Psalmen, der Gebete und Lieder – hilft nicht nur, dass wir uns durch Wiedererkennen zurechtfinden. In den Präfationen zu Beginn des eigentlichen Abendmahls wird noch mehr deutlich: »Durch ihn [Christus, unseren Herrn] loben die Engel deine Majestät, die Herrschaften beten sie an, die Mächte verehren sie zitternd. Die Himmel und die himmlischen Kräfte und die seligen Seraphim feiern sie jubelnd im Chore. Mit ihnen lass, so flehen wir, auch uns einstimmen und voll Ehrfurcht bekennen: Heilig, heilig, heilig ...« Die Präfation ist mit der Nennung der Engelinstanzen der Weg, auf dem wir uns in diese himmlische Gemeinschaft hineinsprechen. So, im Anblick ihrer Ordnung und im Nachsprechen ihrer Hierarchie, haben wir Anteil an ihr. Die im Text der Präfation abgebildete Hierarchie ist eine Ordnung des Himmels, also jenes Bereichs, in dem Ordnungen noch oder schon dem Willen Gottes entsprechen.

Schon nach Paulus (2 Korinther 3,18) werden die Christen in Gottes Herrlichkeit hineinverwandelt, indem sie diese erblicken.

Die Sprache der Psalmen, Lieder und Gebete ist die Brücke zwischen der sichtbaren und der unsichtbaren Welt. Sie wirkt selbst wie ein Sakrament. Sie heilt ein Stück der Leiden. Sie bringt dort schon Ordnung hinein, wo Chaotisches noch sehr greifbar ist.

Ist der Vorsehungsglaube am Ende?

Angesichts der Ausrichtung der neueren Theologie an den »Ergebnissen« der Naturwissenschaft – oder was man dafür hält – ist die Frage nach der Vorsehung problematisch geworden.

Der katholische Dogmatiker Herbert Vorgrimler (1999) schreibt: »Was negatives Eingreifen angeht, so wird nicht mehr im Ernst damit gerechnet, dass Gott Strafen verhängt und damit Böses zufügt oder Leiden zur Prüfung und Bewährung der Menschen zuschickt und damit ebenfalls Böses antut. Das gleiche gilt … von einem schönen Sonnenuntergang … In mitteleuropäisch-theologischer Sicht wird nicht mehr damit gerechnet, dass so etwas konkret von Gott verfügt, bestimmt wird … Diese Einsicht bedeutet das Ende der traditionellen Auffassungen von Allmacht und Vorsehung … Gott schickt nicht Leiden, fügt nicht Böses zu, um Menschen zu strafen, zu prüfen oder zu läutern, er erlöst aber auch nicht von dem konkret anzutreffenden Bösen« (S. 13f). Statt dessen betone man die transzendente Göttlichkeit Gottes, die Gott jeder Vergegenständlichung enthebe. Im Übrigen komme auch das Böse letztlich von Gott. – Dagegen ist Folgendes einzuwenden:

Gott der Philosophen

Kein Zweifel besteht, dass manche Dogmatiker besonders im Gefolge Karl Rahners die Transzendenz Gottes stark betont haben und es noch immer tun. Als Exeget kann ich nur sagen: Ein solcher Gott, der »jeder Vergegenständlichung enthoben« ist, kann nicht der Gott der Bibel sein, allenfalls der (ehemalige) Gott der Philosophen. Der Gott der Bibel nimmt die Leiden der konkreten Menschen so ernst, dass er sie auf sich nimmt.

Grundsätzlich kann jedes Ereignis des Lebens zum Fingerzeig Gottes werden. Und das ist nicht nur subjektive Willkür und private Phantasie, sondern begründet im Schöpfungsglauben und im neutestamentlichen Verständnis von »Zeichen«. Wenn einem zu Leid und Katastrophen in der Welt nichts Religiöses mehr einfällt, dann ist das nicht ein Zeichen von dogmatischem Fortschritt, sondern ein gravierender Verlust an Verstehen frühchristlicher Zeichen- und Bildersprache.

Wie man betet, so glaubt man

Vorgrimler selbst gibt zu: Leider finde man »in der Sprache der Fürbitten« bisher noch kaum ein Echo auf die Einsichten der Dogmatik. Ich meine: Glücklicherweise ist das so, und hoffentlich wird es sich nicht ändern. Denn zu dem Gott Vorgrimlers kann man ganz offensichtlich nicht beten.

Der Grundsatz »Wie man betet, so glaubt man« *(lex orandi lex credendi)* gehört zu den sympathischen Grundsätzen der Frömmigkeitsgeschichte. Und daher gilt auch: Wo eine Theologie nicht dazu taugt, zum Beten hinzuführen, da hat sie ihre Rolle ausgespielt. Unverständlich ist, wie man zu der Alternative gelangt, es komme nicht »primär darauf an, um Erlösung vom Bösen zu beten«, gefordert sei »vielmehr der nüchterne Blick auf das Böse und der Kampf gegen es«. Die Alternative Beten oder Kämpfen ist falsch gestellt. Es kann auch Theologen passieren, dass sie von der Wirklichkeit Gottes und ihrem Zugang in der Mystik nichts mehr wissen (vgl. dazu: K. Berger: Sind die Berichte des Neuen Testaments wahr? Gütersloh 2002).

»Erlöse uns von dem Bösen« – was heißt das?

Bei dieser Bitte des Vaterunsers geht es nun zweifellos um sehr Konkretes, nämlich um den Bösen (wie sonst in Matthäus auch, vgl. zum Beispiel Matthäus 13,38f). Wie man da erklären kann, Gott *erlöse nicht* von dem konkret anzutreffenden Bösen, ist mir rätselhaft. Offenbar ist manchen Theologen der Glaube an eine von Gott her mögliche Erlösung verloren gegangen.

Die gnostischen Texte waren deshalb Antwort auf die Theodizeefrage: Von einem guten Gott kann das Böse in der Welt nicht kommen. Woher kommt es dann? Weil das frühe Christentum auf diese Frage nach dem Woher und Warum des Bösen keine Antwort gab, musste beim Eintritt des Christentums in den Bereich griechischen Denkens mit entsprechenden Fragen nach der Ursache hier eine Antwort gefunden werden.

Unsere Antwort unterscheidet sich von der gnostischen dadurch, dass das Böse nicht durch eine Art Evolution oder Emanation von Gott her erklärt wird. Vielmehr wird durch die Annahme des Zwischenbereiches »Weltgesetzlichkeit« ein deutlicher Trennungsstrich zwischen Gott und Kreatur/Welt gezogen. Genau diesen Trennungsstrich vollziehen die gnostischen Texte nicht mit der wünschenswerten Schärfe.

Die Eigengesetzlichkeit der Welt

Bei der Bestreitung des Vorsehungsglaubens argumentieren Theologen immer mit der Eigengesetzlichkeit der Welt. Die Form der Argumentation geht dabei auf Thomas von Aquin (†1275) zurück, der sich hier als konsequent aufgeklärter Naturwissenschaftler zeigt. Die Begründung hat folgende Elemente:

- Gott ist der Stifter und der Garant der Eigengesetzlichkeit der Welt.

- Er ist nicht nur transzendent, sondern auch jedem einzelnen Geschaffenen zuinnerst näher, als dieses sich selbst ist (Über die Wahrheit 8,16 ad 12). Aber auch damit ist Gott nicht in der Welt wirksam, sondern nur in der »transzendenten Kammer« jedes Einzelnen.

- Die Freiheit des Einzelnen ist ein Element der Autonomie der Welt. Sie wird von Gott »umfangen« (Karl Rahner).

- Die Vorsehung bleibt damit eine exklusiv innergöttliche Wirklichkeit *(in mente divina praeexistens).*
- Eine wichtige Rolle spielt die Diskussion um die »Erstursache« (Gott) und die »Zweitursachen« (in der Welt). Als Erstursache sei Gott zwar der Verursacher aller Dinge, aber seitdem sei er in der Welt nicht mehr aktiv. In ihr gebe es nur noch das System der Zweitursachen.

Gleichwohl ist Thomas von Aquin gegen seine modernen Ausleger in Schutz zu nehmen. Denn er erklärt: »Betrachten wir ... die Ordnung der Dinge, sofern sie von irgendeiner Zweitursache abhängt, so kann Gott an der Ordnung der Dinge vorbei handeln. Denn er ist der Ordnung der Zweitursache nicht selbst unterworfen, sondern diese Ordnung ist ihm unterworfen, gleichsam als von ihm ausgehend, zwar nicht aus Naturnotwendigkeit, sondern durch freie Willensentscheidung. Er hätte nämlich auch eine andere Ordnung der Dinge einrichten können. Darum kann er auch an dieser Ordnung vorbei handeln.« Doch diese Einschränkung wird heute offenbar überhört.

Bei einigen katholischen Dogmatikern führt dieser Ansatz in der Gegenwart dazu, dass sie geradezu einen »eisernen Vorhang« zwischen Gott und Welt ziehen. Sie halten es für unmöglich, dass Gott als er selbst in der Welt wirksam sei. Sehr apodiktisch wird erklärt, in dieser Welt gebe es nur Zweitursachen. Damit ist jedes Wirken Gottes – auch bei Wundern – ausgeschlossen. Die Gefahr eines Deismus, das heißt einer Auffassung, wonach Gott eine unpersönliche Gottheit außerhalb der Welt sei, der keine Einwirkung möglich sei, liegt auf der Hand. Zu einem deistischen Gott kann man weder beten, noch kann er inspirieren oder senden.

Offen bleibt auch, wie Gott bei voller Wahrung der menschlichen Freiheit »durch menschliche Freiheit zur Welt kommen« soll (E. Schilson). Dass Gott so »zur Geltung gebracht« wird, bedeutet weder persönliche Anwesenheit noch persönliches Wirken.

Der österreichische Benediktiner R. Schulte (Wien) hat dem allem mutig und vor allem auf biblischer Grundlage widersprochen. Seine Argumente werden im Folgenden fortgeführt und auf breitere Basis gestellt.

Kein Konkurrenzdenken

Grundsätzlich sinnvoll scheint mir der Gedanke Thomas von Aquins zu sein, dass man bei der Frage der Vorsehung Gott nicht gegen den Menschen und seine Freiheit ausspielen dürfe. Wenn der Mensch wirkt, so geht das nicht auf Kosten Gottes. In der »Summe gegen die Heiden« (3,69) erklärt er: »Einem Geschöpf von seiner Vollkommenheit etwas abzusprechen bedeutet, es der Macht Gottes abzusprechen« *(detrahere perfectioni creaturarum est detrahere perfectioni divinae virtutis).* Das heißt: Je aktiver der Mensch im Guten ist, umso aktiver wirkt auch Gott. Es gilt das Prinzip der wechselweisen Steigerung und nicht die umgekehrte Proportionalität. Das wäre: Je mehr der Mensch tut, umso weniger bleibt für Gott. Oder: Je weniger der Mensch tut, umso mehr bleibt für Gott. Ein solches Konkurrenzdenken ist im Ganzen ein Missverständnis und in doppelter Hinsicht fatal: Zum einen wird jede menschliche Aktivität verdächtigt, nicht fromm genug zu sein. Denn je mehr man Gott zuschreibt und tun lässt, umso mehr gibt man ihm Raum – und das soll man ja angeblich als guter Christ. Die Folge ist ein depressiver Quietismus. – Zum anderen ergibt sich dann eine gute Gelegenheit, bei Misslingen Gott allein die Schuld zuzuschreiben.

So gilt: Gerade in der höchsten und intensivsten Aktivität des Menschen ist Gott am meisten schöpferisch wirksam. Gerade dann, wenn wir an unsere Grenzen kommen, ist Gott es, der wirkt und uns trägt.

Damit ist freilich von dem Problem der Wirkweise Gottes in der Welt erst ein kleiner Teil erklärt.

Lückenlose Kausalität?

Als Hauptgrund für derartige Annahmen gibt man an, eine lückenlose Kausalität lasse für Gott keinen Ort in der Welt – daher dann seine Transzendenz. Wir haben zu zeigen versucht, dass Kausalität zur Dogmatik erhoben mehr verunklart und zerstört als erklärt. Insbesondere die Evolution ist so nicht zu erklären und damit eben auch nicht der Gesamtbestand der Welt.

Gott nur im Herzen?

Immerhin möchte man zugeben, Gott sei »als Heiliger Geist in der Innerlichkeit menschlicher Herzen fortdauernd präsent«. Das ist nun etwas inkonsequent, denn ein wirklich an der Naturwissenschaft messender Psychologe müsste sagen: Gerade auch das menschliche Herz ist wissenschaftlich zu analysieren. Wenn schon lückenlose Kausalität – warum dann nicht auch hier? Die menschliche Psyche ist da gewiss nicht auszunehmen, wenn man sich schon auf diesen Weg einlässt. Das Herz ist kein Reservat für existenzbedrohte theologische Wesen.

Noch einmal zum Problem der zwei Sprachen

Um das Problem des Verhältnisses von Kausalität und Vorsehung zu lösen, hat man das Modell der zwei Sprachen vorgeschlagen. Gibt es also eine Sprache der exakten Naturwissenschaft, die kausal erklärt, und daneben die Sprache der Religion, die als Fügung Gottes erklärt? Gibt es also zwei verschiedene Zugangsweisen zur Deutung desselben Phänomens? Dieses Modell hat einiges für sich, und man könnte es aus unserer Sicht so auffassen: Beide Wege sind gleichberechtigt und zudem komplementär. Gerade diejenigen Aspekte, die der eine Weg beschreibt, sind dem anderen verborgen und umgekehrt. – Beide Sichtweisen sind nicht kompatibel und »treffen sich im Unendlichen«. In ihrer Gegensätzlichkeit finden sie nur im unendlichen Gott ihre Einheit; nur von dort her sind sie harmonisierbar. – Angesichts der Popularität und Akzeptanz der naturwissenschaftlichen Sprache liegt für die religiöse Sprache alles daran, wie selbstbewusst sie geführt wird bzw. ob ihre Vertreter sich einschüchtern lassen. Und schließlich: Das System der Natur scheint in sich perfekt und regeltreu zu verlaufen; der religiöse Bereich hingegen steckt, was die Errichtung einer lebensfreundlichen Ordnung betrifft, noch ganz in den Anfängen, obwohl es die Gebote seit dreitausend, die Briefe des Paulus seit zweitausend und die Regel St. Benedikts seit 1500 Jahren gibt.

Der Nachteil dieses Systems besteht darin, dass Einwirkungen aus dem Bereich des Religiösen auf das Feld der Kausalität nicht vorgesehen sind. Allerdings sind sie auch nicht per se ausgeschlossen. Man muss hier nur weiterdenken.

Die Gefahr liegt ferner darin, dass der religiöse Weg für schlicht irrelevant erklärt wird. Denn womit kann man, wenn Menschen ganz in dem einen System befangen sind, ihnen verdeutlichen, dass sie unbedingt noch ein zweites System brauchen? Das gilt insbesondere dann, wenn sich aus dem ersten System scheinbar mühelos alles erklären lässt. Diese Täuschung wird durch technische Perfektion in der Präsentation erleichtert.

Grundsätzlich ist das Modell der zwei Sprachen jedoch vielleicht ein erster Schritt dazu, den beschriebenen Konflikt zu beheben.

Das Modell der beiden Sichtweisen entspricht im übrigen sehr genau dem mittelalterlichen Schema von *liber naturae* (Buch der Natur) und *liber scripturae* (Buch der Schrift, also Bibel, Buch der Offenbarung). Nur dass man hier statt »Buch« nun »Sprache« sagt. Freilich war das Mittelalter noch von der Möglichkeit gegenseitiger Erhellung ausgegangen. Doch schon Nicolaus Cusanus konnte nurmehr von einer Koinzidenz in

Gott sprechen. Der Optimismus, beide Wege könnten sich schnell miteinander verständigen, war verflogen.

Leiden und Böses von Gott?

Von vielen Zeitgenossen wird Gott »Böses« nicht zugetraut. Das ist insofern richtig, als man Gott nicht für Gutes wie Böses verantwortlich machen kann. Vielmehr gilt überhaupt, dass die moralischen Kategorien »gut« und »böse« sich auf Gott nicht einfach anwenden lassen. Gott ist nicht einfach »gut«, so dass Leiden und Böses ihm grundsätzlich fernstünden.

Ein Blick auf die Argumentation des Paulus in Römer 9 zeigt, dass Gott sehr wohl zeitweilig eine Koalition mit dem Bösen eingehen kann, wenn er darüber zum Ziel gelangt. Denn auf dem Weg über Ungehorsam und Verstockung Israels gelangt Gott zum Erbarmen für alle. Gott ist nicht einfach gut. Er stellt nach Römer 9,33 eine Falle für Israel auf dem Sion auf, offenbar in der Erwartung, dass Israel in diese Falle hineintappen wird.

Wenn das Paulus sagen kann, dann ist es nicht völlig unsinnig, Gott auch später mit Sünde und Leiden in Verbindung zu bringen.

Objektive Aussagen?

Aber sind solche Einschätzungen objektiv und wissenschaftlich verantwortbar? – Wir haben schon darauf hingewiesen, dass die Theologie bei der Deutung von Leid nicht unbedingt immer nur allgemeingültige Aussagen machen muss. Wenn sie sich stärker am Leiden der Menschen und am Mitleiden orientiert, scheint sie weniger wissenschaftlich zu sein, kommt aber der Realität und den Menschen näher.

Man kann auch nicht aufteilen und sagen: Objektiv gesehen war das soundso, subjektiv aber kann man sich das auch anders ausmalen. Also: Wie sind Leiden gültig zu deuten?

Wenn die Regel des Betens auch die des Glaubens ist, dann geht es auch um einen Mut zur Subjektivität, die vielleicht gar nicht so subjektiv ist, wie sie zu sein scheint, sondern die Weisheit ist. Mit der Dimension der Weisheit ist eine speziell monastische Erfahrung angesprochen, die jenseits von wissenschaftlicher Objektivität einerseits und privater Subjektivität andererseits liegt. Es kann einfach weise sein, wenn bestimmte Erfahrungen in Beziehung zu Gott gesetzt werden, wenn man sie nicht ins Sinnlose verpuffen lässt. Die monastischen Wüstenväter haben unter dem Stichwort »Weisheit der Väter« die Erfahrungen ihres Lebens systematisch kontemplativ zu Gott in Beziehung gesetzt. Zur Frage der Zielursache lässt sich bei ihnen viel lernen.

Zwei Aspekte sind für die Frage der »Objektivität« noch von Bedeutung: Kirche und Martyrium.

Neubegründung der Vorsehungslehre

Der im Folgenden gebotene Aufriss von mindestens vierzehn unterscheidbaren Stufen in der Vorsehung Gottes für die Welt hat in der Forschung bisher keine Analogie. Dabei ist das, was auf den einzelnen Stufen geboten wird, in diesem Buch bereits diskutiert worden, nicht jedoch eine Stufung im Ganzen, durch die man über die einzelnen Ansätze erst Klarheit erlangen kann, vor allem was ihre Zuordnung zum Ganzen betrifft.

Die Kriterien der Abfolge der Stufung sind: Von Stufe zu Stufe nimmt die Intensität der vom übrigen Weltgeschehen unterscheidbaren Wirksamkeit Gottes zu. Auf Stufe 1 und 2 fällt beides noch zusammen. Bei Stufe vierzehn liegt Gottes Wirken schlicht »neben« oder »vor« der Weltwirklichkeit.

Von Stufe zu Stufe wird daher die Behauptung kühner, Gott habe abgrenzbar eingegriffen. Mit der Differenz zum allgemeinen Weltlauf wächst die Leibhaftigkeit und Massivität des Eingreifens Gottes.

Zugleich nimmt die Konsensfähigkeit im Rahmen gegenwärtiger Theologie ab. Bei den meisten Theologen dürfte die letzte konsensfähige Stufe schon mit der zweiten erreicht sein, für andere mit der siebenten.

Die erste und die letzte Stufe stehen zueinander wie Anfang und Ende eines Ringes.

Die Übersicht zeigt, dass es manche Überschneidungen mit der Problematik des Wunders in der modernen Hermeneutik gibt.

Erste Stufe: In Gottes Vernunft besteht die Welt. Er erhält sie in ihrer Ordnung und Schönheit. Er garantiert das Funktionieren der Naturgesetze.

Zweite Stufe: Jedes Ereignis in der Welt kann religiös gedeutet werden. Die Deutehoheit dafür liegt beim Einzelnen und ist durch seine Biographie begründet.

Dritte Stufe: Ganz speziell am Ende, im Rückblick, kann man sagen: Gott hat alles gefügt. Dafür bin ich dankbar. Das ist hier im Rahmen einer Biographie gemeint.

Vierte Stufe: In der Geschichte des Heils kann man sagen: Gott hat menschliche Schuld mit umso größerer Gnade beantwortet.

Fünfte Stufe: Im Blick auf bestimmte Stationen der Geschichte eines Volkes können prophetische Figuren sagen: Hier war Gott (Gottes Gericht) am Werk.

Sechste Stufe: Gott sendet Boten. Er inspiriert und drängt sie. Sie fühlen sich verpflichtet.

Siebente Stufe: Durch Gottes Handeln wird die Menschheit der Einheit und Einigkeit entgegengeführt

Achte Stufe: Gott verursacht Synchronismus von Ereignissen in Biographie und Weltgeschichte.

Neunte Stufe: Gott bewegt ein Herz zur Umkehr, er tröstet es und setzt es in Bewegung. Er bekehrt.

Zehnte Stufe: Gott wirkt durch Epiphanie und als Zielursache.

Elfte Stufe: Das psychische Geschehen ist so intensiv, dass es leibliche Veränderungen zur Folge hat (heute psychosomatisch deutbare Wunder). Dazu gehört auch die Auflösung der Blockade zur Selbstheilung.

Zwölfte Stufe: Gott erschafft für jeden Menschen bei der Entstehung des Embryos eine unvergängliche Person (»Seele«).

Dreizehnte Stufe: Die von Gott her kommende intensive Vollmacht »platzt« und bewirkt ein massives Wunder.

Vierzehnte Stufe: Trinitarisches Wirken Gottes.

Fünfzehnte Stufe: Schöpfungswunder: Erschaffung von Arten und auch der Welt im Ganzen. Begründung des kreatürlichen Lebens.

Erste Stufe:
Schöpfung und universale Fürsorge

In Gottes Vernunft besteht die Welt. Er erhält sie in ihrer Ordnung und Schönheit. Er garantiert das Funktionieren der Naturgesetze.

Gott garantiert den Bestand der Regeln und inspiriert neue Möglichkeiten. Das ist nicht deterministisch, sondern inspirativ zu begreifen. – Dieses Modell ist dem Exegeten besonders lieb. Denn ein ähnliches Schema liegt bei der Theologisierung der Talion-Regel vor: Jedermanns Tat fällt auf ihn selbst zurück. Dass das garantiert so sein wird, dass also dieser Mechanismus des Bumerang immer funktionieren wird, das garantiert Gott. Das nennt man den Gerichtsgedanken. Ähnlich hier: Dass die Naturgesetze stabil sind, dafür sorgt Gott. – Oder so:

Gott wirkt die Selbstorganisation der Welt. Er generiert, kanalisiert und finalisiert die Veränderungen (die je ihre konkrete Einzelursache haben). – Oder so:

Gott ist das Intelligenz-Zentrum der Welt, er ist jedenfalls »in der Nähe« eines Super-Hirns, das alle wichtigen Vorgänge vernünftig macht und die Vorstellung weckt, in der Welt herrsche bewundernswerte Regelmäßigkeit (»Ordnung«). Diese

Möglichkeit wird als »eher deistisch« bezeichnet, aber der biblische Logos-Gedanke aus Johannes 1,1 trifft sich sehr gut mit der Grundkonzeption einer vernunftgeleiteten Schöpfung. Dass Gott nicht darin aufgeht, Superhirn zu sein, zeigt dann der Fortgang des Evangeliums nach Johannes.

Gott gibt sich in der Schöpfung zu erkennen

»Von Natur aus waren alle Menschen nichtig, denen das Nichtwissen um Gott zur Seite stand. Sogar aus den guten Dingen, die sichtbar sind, vermochten sie nicht den, der ist, zu erschließen, noch konnten sie den Künstler entdecken, obgleich sie auf die Werke achteten. (2) Aber Feuer, Wind, heftigen Luftzug, Kreisbewegung der Gestirne, stürzendes Wasser oder Fackelträger am Himmel hielten sie für Präsidenten der Welt (und für) Götter. (3) Die, an deren Schönheit sie sich erfreuen konnten, die nahmen sie für Götter. Sie sollten wissen, um wieviel besser als diese der Herrscher ist, denn der Urheber des Schönen hat sie geschaffen. (4) Wenn sie aber über deren Macht und Wirkung zur Ehrfurcht getrieben wurden, dann hätten sie aus ihnen folgern sollen, um wieviel mächtiger der ist, der sie hergestellt hat. (5) Aus der Größe und Schönheit der Geschöpfe wird auf dem Wege der Analogie ihr Urheber erkannt. (6) Aber dennoch ist der Tadel für sie gering, denn vielleicht gehen sie nur in die Irre, während sie Gott suchen und finden wollen. (7) In seinen Werken nämlich sind sie zu Hause und stellen ihre Forschungen an, und sie werden vom Augenschein verführt, weil das, was zu sehen ist, schön ist. (8) Andererseits sind sie aber auch nicht entschuldbar: (9) Denn wenn sie Derartiges zu erschließen vermochten, so dass sie sogar die Welt zu durchforschen imstande waren, wie konnten sie dann den Herrn dieser Dinge nicht schneller gefunden haben?« (Weisheit Salomos 13,1–9; Übers. D. Georgi)
Römer 1,19–21: *Denn eigentlich hätten sie Gott erkennen können, weil er den Menschen etwas von sich gezeigt hat: (20) Gott, der Unsichtbare, hat die Welt geschaffen, und wenn man*

vernünftig nachdenkt, kann man von der Schöpfung, die man sieht, auf den Schöpfer, den man nicht sieht, schließen und erkennen, dass er ewig, mächtig und göttlich ist. Die Menschen können sich also nicht herausreden: (21) Sie kannten Gott, haben jedoch nicht die Konsequenz daraus gezogen, dass sie ihm die Ehre gaben oder ihm dankten, sondern richteten ihre Gedanken auf Wesenloses, so dass ihr Herz immer leerer und finsterer wurde.

Fürsorge Gottes

Von einem direkten Eingreifen Gottes (Sendung Jesu; Wunder) zu unterscheiden ist die allgemeine Fürsorge Gottes. Sie besteht darin, dass *alle unsere Haare gezählt sind* (Matthäus 10,30) und dass kein Spatz zu Boden fällt ohne ihn (Matthäus 10,29: *ohne euren Vater*). Vom Willen Gottes steht übrigens an der zuletzt genannten Stelle nichts, denn der Wille Gottes bezieht sich in den Evangelien immer auf das, was die Menschen tun sollen. – Diese Fürsorge sollte man sich nicht so vorstellen, dass Gott »jeden Morgen da sitzt und unsere Haare nachzählt« (so mit Recht Martin Luther), sondern so, dass er alles nach Maß und Zahl und Gewicht geschaffen hat und in dieser abgezählten Endlichkeit erhält.

Ein ähnliches – von dem unseren abweichendes – Verhältnis zur Zahl offenbart auch die biblische (und in der Apokalyptik weit verbreitete) Rede von der »Zahl der Gerechten« oder »Vollkommenen«. Bei dieser Zahl geht es weder um Prädestination noch richtet sie sich gegen nicht Dazugehörige (Ausschlussverfahren, Abgrenzung), sondern mit ihr wird geradezu im Gegenteil ausgedrückt, dass Gott jeden Einzelnen mit Namen kennt, dass er alle behütet und keinen verloren gehen lässt.

Zweite Stufe:
Danken? Immer!

Jedes Ereignis in der Welt kann religiös gedeutet werden.
Die Deutehoheit dafür liegt beim Einzelnen und ist durch
seine Biographie begründet.

Man kann immer umkehren und danken

Einen ersten Gesichtspunkt über die Wechselwirkung kann
man vielleicht so formulieren: Einerseits gelten die Naturgesetze, andererseits danke ich Gott dafür, dass eine eingenom-
mene Medizin gut wirkt. Denn gerade in der Medizin ist nichts
selbstverständlich. Einerseits gilt die Biochemie, und ein Psychologe zeigt gewisse Ursachen und Folgen in meiner Biographie auf, andererseits kann ich einen »Sinn des Lebens«
finden, der weit über die Zwangsläufigkeiten medizinischer
und psychologischer Art hinausgeht, zum Beispiel in einer
Liebesgeschichte, die diesen Namen verdient und die alle
Gesetzmäßigkeiten wesenlos erscheinen lässt, weil sie nicht
heranreichen an dieses jeden Tag neue Stück Leben.
Religion ist etwas wie Liebe (vgl. dazu mein Geleitwort in
dem Buch von Maria Assumpta Schenkl, O. Cist.: Im Schweigen begegnest du deinem Gott, Helfta 2002). Die religiöse
Sinnfindung spielt in einem ähnlichen Bereich. Seine Regeln
sind streng und doch nicht die der Biochemie. Recht verstandene religiöse Radikalität ist eben dann radikal, wenn sie sich
ganz diesen Regeln verschrieben hat.
Das alles gilt ungeachtet der Regeln der Biologie und der Psychologie, wenn es denn dort anerkannte Regeln gibt (was ja
sein mag). Ebensowenig habe ich keine Schwierigkeiten, his-
torisch-kritisch und damit wissenschaftlich das Vaterunser
auszulegen, es zum Objekt meiner Philologie zu machen und
es zehn Minuten später mit Andacht zu beten zu versuchen.
Mit diesen Beispielen soll nur gesagt sein: Wenn beide Bereiche wirklich in gelassener Souveränität nebeneinander stehen,

dann können sich beide, je der eine oder der andere, auch mit dem je anderen beschäftigen, ihn auf je ihre Art in den Blick nehmen, ohne sich etwas zu vergeben.

Ein zweiter Aspekt ist dieser:

Ereignisse können zu Zeichen werden

Der Einsturz des Turmes von Siloah (Lukas 13,4–5), der achtzehn Menschen das Leben kostete, hatte wohl sicher technische Gründe wie Materialermüdung oder ähnliches. Jesus fragt nicht nach diesen Ursachen. Er greift diesen schrecklichen Unfall auf und verbindet damit die Drohung: »Wenn ihr nicht radikal umdenkt, werdet ihr alle genauso umkommen.« Das physikalische Ereignis wurde eine menschliche Tragödie (achtzehn Tote) und ein religiöses Zeichen. Das ändert nichts an den Ursachen, aber die Funktion, die dieser Unfall für die Opfer und die Hörer Jesu erlangt hat, geht weit über das physikalische Geschehen hinaus.

Damit wird das Geschehen in der Predigt Jesu zum Teil einer Begegnung mit Gott. Dadurch wird seinerseits das Ereignis in der Welt zum »Zeichen« qualifiziert. Dafür kennt das Neue Testament den Ausdruck *semeion* (Zeichen). Das heißt: Das physikalische Geschehen, der Unfall mit den Opfern, war noch nicht der entscheidende Raum, in dem dieses Geschehen bedeutungsvoll wurde. Dabei ist das Ereignis als Zeichen durchaus Teil eines Ganzen, kein leeres Zeichen.

Lukas 13,4–5 und die Katastrophenberichte der Offenbarung des Johannes zeigen zum Beispiel, dass Gott sich auch durch funktionierende Naturgesetze hindurch offenbaren kann. Das, was sich »vordergründig« auf der Ebene der Natur abspielt, ist »hintergründig« oder auf anderer Ebene Reden Gottes zu den Menschen. Gewissermaßen in, mit und unter den Naturereignissen, durch die Geschehnisse hindurch sagt Gott den Menschen etwas. Das gesetzmäßig fassbare Naturgeschehen ist gleichzeitig ein Ereignis der Kommunikation zwischen Gott und Menschen. Im Neuen Testament wird dieses durch die

Autorität des Sprechers legitimiert. In der späteren Kirchengeschichte ist es sicher legitim, wenn es nach Anlass und Auslegung (Umkehrpredigt) analog zum Neuen Testament verläuft.
Die Schrift erlaubt es daher (und praktiziert es auch selbst),
Ereignisse als Zeichen zu werten. Der Raum, in dem die Zeichen selbst spielen, ist der Vorraum des Heils.

Konkretion

»Zu erkennen, wie Gott durch Ereignisse in der aktuellen
Weltgeschichte spricht, zu welchen Adressaten und mit welcher Botschaft, ist in der Kirche so außer Übung, dass die
verschiedenen Deutungen des 11. September [2001] eher
gegeneinanderstehen und mehr verwirren, als Klarheit schaffen. Man hat viel um die Fragen gerätselt: Will Gott den
Terroranschlag als Strafe verstanden wissen? Warum hat er
ihn zugelassen oder gar bewirkt? … Gehört das Ereignis gar
in die Heilsgeschichte als Anrede Gottes oder war es nur ein
Verbrechen aus zufällig und fälschlich auch religionsfanati-
schen Motiven? Die Theologen sind hilflos. Die Geschichtstheologie gilt als objektiv nicht mögliches Fach. Propheten
aber sind selten, man kann sie nicht ausbilden … Wie greift
Gott denn in die Geschichte ein? … Die Rede von der ›Strafe
Gottes‹ gehört ganz in den Zusammenhang dieser Deutung
innerhalb der Gemeinschaft der Glaubenden … Sie kann (also)
nur im Rückblick und auf das Lernen hin gesagt werden und
nicht über die Verursachung, als wäre das Unglück direkt von
Gott gewollt … Was die Theologen an Klärung zum Thema
›Strafgericht Gottes‹ beitragen können, lässt sich so zusammenfassen: Gott greift nicht direkt und im Einzelfall strafend
ein. Die Weltgeschichte zeigt keine solche Gerechtigkeit. Alle
Versuche, sie nach diesem Schema zu deuten, würden Gott
anklagen müssen. Sondern vielen Bösen geht es gut, und wo
einer ins Unglück stürzt, ist es der Mensch selbst, den seine
Untat bestraft. Gott lässt die Übel zu, die sich die Menschen
antun, weil er unsere Freiheit will …

Glück und Not vorsehungsgläubig verstehen, bedeutet: Alle Ereignisse im Gottesvolk werden als Anreden und Hilfen Gottes dazu angesehen, dass die Gemeinde umkehrt und heller in die Gesellschaft in ihrer Not hineinstrahlen kann. Und alle scheinbar profanen Ereignisse in der Welt werden daraufhin zum Sprechen gebracht … Es kann gar nichts in der Tageszeitung stehen, was nicht zum Wort Gottes an uns werden könnte … Sehr ferne aber rauschen die Worte der biblischen Propheten: Wer wagt es, die Schläfer in der Kirche zu wecken?« (L. Weimer, in: Die Tagespost, 8. 12. 2001, S. 13).

Grundsätzlich ist L. Weimer zuzustimmen, dass alle Ereignisse zur Anrede Gottes an uns werden können. Wichtig ist auch der Hinweis auf die traditionelle Bindung dieser Deutung an Propheten. Auch dass es sich hier bei der Deutung der Zeichen zunächst um ein kirchliches Geschehen handelt, ist aus meiner Sicht richtig. In der Geschichtstheologie muss man aber, so meine Auffassung, über Weimers sparsame Andeutungen hinausgehen. Es kann kaum dabei bleiben, dass Gott nur »zulässt«. Dennoch ist wohl wichtig, dass neben das Schweigen Gottes das Reden aus prophetischer Initiative tritt.

Anders gesagt: Auch wenn die Einzelereignisse nicht unbedingt von Gott kommen müssen, also eine ursächliche Beziehung zwischen Gott und Ereignis nicht besteht, kann doch durch menschliche Initiative eine solche Deutung hergestellt und verantwortet werden. Die prophetische Aufgabe träte damit in relativer Selbstständigkeit neben Gottes Wirken. Der prophetischen Initiative lässt Gott offenbar eine gewisse Selbstständigkeit. Ich nenne das »Deutungshoheit« im Rahmen der kirchlichen Verkündigung.

Dritte Stufe:
Aus dem Rückblick

Ganz speziell am Ende, im Rückblick, kann man sagen:
Gott hat alles gefügt. Dafür bin ich dankbar. Das ist hier
im Rahmen einer Biographie gemeint.

Beurteilung aus dem Rückblick

Die Fragestellung in diesem Abschnitt bezieht sich auf die
Beobachtung, dass es uns leichter fällt, ein Ereignis aus größerem geschichtlichen Abstand als wie auch immer sinnvoll
zu betrachten. Was zunächst Ungehorsam, Verbrechen oder
Katastrophe war, wurde aufgrund seiner Wirkung, Verarbeitung, Kommentierung oder einfach dadurch anders, dass auf
dem dadurch eingeschlagenen Weg Heilvolles, Gutes zustande kam, was ohne die vorangehende Katastrophe gar nicht
hätte sein können. Wir fragen also: Darf man später sagen: Es
war schon gut so?

Wohl jede Biographie eines Einzelnen wie auch die Geschichte
ganzer Völker zeigt, dass es nicht ganz unsinnig ist, so zu fragen.

Wirklich wichtig scheint mir diese Möglichkeit der Einordnung für die Biographie von Einzelnen oder kleineren Grup-
pen. Denn so kann man lernen, seine Geschichte zu verstehen, und kann darin auch Gottes Fügung erblicken und am
Ende für das spätere Neue dankbar sein.

Auffällig ist zumindest, wie wenig gesichert hier der theologische Boden ist, auf dem man sich nur schwankend bewegen
kann. Eine Frage, die dem Seelsorger »jeden Tag« begegnet, ist
von der Hohen Theologie kaum bedacht worden. Jedes geschriebene Wort ist gegen hundert Missverständnisse abzusichern.
Es hängt mit der Praxisferne der Theologie zusammen, dass es
hier nicht mehr gibt als einen Knüppeldamm übers Moor.

Geschichte nimmt sich anders aus während des Ereignisses
selbst und später, wenn dieses Ereignis durch veränderte Um-

stände und Betrachtung ein anderes geworden ist. Und persönliche Identität kommt zustande, indem ich in der Erinnerung einen roten Faden in dem entdecke, was mir begegnet ist. Weil dieses unabdingbare Aufgabe jedes Einzelnen ist, deshalb kann hier nur etwas vage davon gesprochen werden.

Immerhin kann man sich im Alten Testament auf 1 Mose 50,20 berufen, wo Josef seinen Brüdern sagt: *Ihr dachtet Böses gegen mich, Gott aber dachte es zum Guten, um das zu tun, was jetzt am Tage ist: Viele Menschen am Leben zu erhalten* (Übers. Claus Westermann).

Beide Hälften des ersten Satzes verwenden dasselbe hebräische Verb für »denken«. Während die meisten Ausleger den Satz einfach so deuten: »Auch der böse Anschlag ist in Gottes Plan geordnet« (Otto Procksch), betont Westermann: »Gottes Gedanken haben das von den Brüdern geplante Böse dadurch zum Guten gedacht, dass es vergeben werden konnte. So nur wird die dahinter stehende Absicht Gottes deutlich, vielen das Leben zu bewahren. In der begründenden Erklärung Josefs ist das zur Versöhnung führende Vergeben Gottes mit dem lebenbewahrenden Wirken an vielen verbunden, also nicht nur an der Familie Jakobs, sondern auch an den Ägyptern« (Biblischer Kommentar, Genesis 3, S. 232).

Dass in der Tat Gott vergibt, kann man an der Spannung von 50,17 (Josef soll vergeben) zu 50,19 sehen (Josef fragt: *Bin ich denn an Gottes Statt?*); das heißt, es ist offenbar Gottes Aufgabe zu vergeben und nicht Josefs.

Religiöse Identitätserfahrung

Die Erfahrung von »Fügung« und »Führung«, die ich in meinem Leben insgesamt Gott verdanke, rührt daher, dass ich einen roten Faden in meinem Leben, in der Geschichte und über den Tod hinaus wahrnehme. Dieser rote Faden, der alles zusammenhält, fügt letztlich den zusammen, der ich bin. Fast niemals verläuft der Faden als gerade Linie, aber er hält dennoch zusammen. Dass es diese Einheit gibt, nicht zuletzt auch die mit anderen Menschen, erfahre ich als Geschenk. Erinnerung und Vergebung spielen dabei eine große Rolle. Ist Gott der Meister, der den Faden spinnt?

Vierte Stufe:
Glückliche Schuld

In der Geschichte des Heils kann man sagen: Gott hat menschliche Schuld mit umso größerer Gnade beantwortet.

Der bekannteste Fall ist die Rede des Kirchenvaters Augustinus über die Schuld Adams, die in folgender Gestalt in den österlichen Lobpreis auf die Osterkerze, das *Exsultet,* aufgenommen wurde: »Ja, wahrlich geschehen musste die Sünde des Adam, dass Christi Sterben sie sühne! O glückliche Schuld, gewürdigt eines Erlösers so hehr und erhaben!« *(O certe necessarium Adae peccatum, quod Christi morte deletum est! O felix culpa, quae talem ac tantum meruit habere redemptorem!).* Seither spricht man deshalb von der *felix culpa,* wenn man meint, ein anfänglich Böses sei (wodurch auch immer) nachher zu etwas Gutem geworden oder wenigstens der Anlass dazu gewesen. In ähnlichem Sinne ist schon nach Johannes 11 der Tod des Lazarus der Anlass für den Erweis umso größerer Herrlichkeit; wäre Lazarus am Leben geblieben oder hätte Jesus nur seine schwere Krankheit geheilt, dann hätten die Menschen gar nicht Zeugen der Auferweckung des Lazarus werden können. So heißt es in Johannes 11,3–4: *Maria und Martha schickten jemand zu Jesus mit der Nachricht: »Herr, dein Freund ist krank.« (4) Als Jesus das hörte, sagte er: »Diese Krankheit führt nicht zum Tod, sondern zur Verherrlichung Gottes. Durch sie soll Gottes Sohn verherrlicht werden.«*
Diese Sichtweise hat deshalb etwas Prekäres, weil sie zu der Meinung verführen könnte, Adams Sünde sei gar nicht so schlimm gewesen, und der Tod des Lazarus sei von Jesus gar

berechnend in Kauf genommen worden. Doch damit derartige Gedanken nicht aufsteigen, berichtet Johannes in 11,5, dass Jesus Lazarus liebte.

Viele Menschen haben schon die Erfahrung gemacht, dass Gott dort, wo er eine Tür zugeschlagen hat, ein Fenster geöffnet hat. Trotzdem ist diese Einordnung mit Vorsicht zu gebrauchen. Denn bei keinem Mord ist es gestattet zu fragen: Wer weiß, wozu es gut war? – Niemals darf diese Einordnung dazu verführen, geschichtliche Schuld kleinzureden. Und bei vielen Katastrophen sind wir nicht ganz unschuldig.

Es ist christlicher Glaube, dass Gott alles zu einem guten Ende führen wird. Dabei liegt der Ton ebenso auf »Gott« wie auf »alles«. Denn schließlich gelten die hoffnungsfrohen Aussagen aus Römer 8,31–39: *Wenn Gott für uns ist, wer könnte dann noch etwas gegen uns ausrichten? ... (38) Nicht einmal die extremsten Gegensätze wie Tod oder Leben, gute Engel oder böse Gewalten, Gegenwart oder Zukunft, (39) liebevolle oder gefährliche Mächte, hohe Berge oder tiefe Täler oder überhaupt irgendeine Kreatur können uns trennen von Gott, der uns in unserem Herrn Jesus Christus seine Liebe erwiesen hat.*

Paulus denkt in Römer 8 nicht erst vom Ende her, sondern von dem her, was wir angesichts aller Ängste vor der Zukunft, die uns plagen mögen, doch schon sicher »in der Tasche haben«. Dabei verschweigt er nicht, dass die ganze Welt jetzt stöhnt.

Paulinische Geschichtstheologie

In Römer 11,30–33 blickt Paulus auf die Geschichte des Heils zurück: *Es gab ja auch eine Zeit, in der ihr Gott nicht gehorcht habt. (31) Doch jetzt hat sich Gott eurer erbarmt, weil die Mehrzahl der Juden ihm nicht gehorcht. (32) Denn alle, jeden zu seiner Zeit, hat Gott in den Ungehorsam geführt, um sich am Ende aller erbarmen zu können. (33) Gott ist so reich an Gnade, so weise und vorausschauend, seine Entscheidun-*

gen sind unergründlich, und sein Handeln ist unbegreiflich. –
Wir hatten bereits früher Gottes Weisheit mit seinem Handeln
in der Geschichte zusammengebracht. Paulus bestätigt diese
Sichtweise. In Römer 11 hat er direkt vorher ein »Geheimnis«
enthüllt. Auf dem Berg Sion wird nämlich Gott (oder Jesus
Christus) erscheinen, um Israel endgültig zu erlösen. Das wird
das Ende der Geschichte sein. Und von diesem Ende aus sind
die Sätze Römer 11,31f formuliert.

Paulus legitimiert daher eine Geschichtstheologie, die vom
Ende her denkt. Denn es ist auch allgemein die Erwartung
christlicher (und jüdischer) Eschatologie, dass sich am Ende
»die Dinge klären«. Wie wenn frühmorgens im Oktober der
Herbstnebel, der über einer großen Gleisanlage gelegen hat,
sich teilt und aufhebt und die Gleise im einzelnen sichtbar
werden, ihr Verlauf und vor allem, wie sie zum Zielbahnhof
führen konnten.

Für Paulus werden durch die Logik von Römer 11,31f so lange
und dunkle Perioden wie der Unglaube der Völker und die Ver-
stocktheit Israels angesichts der Sendung Jesu erträglicher. Auch
für ihn dient Geschichtstheologie vor allem der Einordnung des
Negativen. Dabei gilt auch in der Geschichte eine gewisse
Gleichheit, weil beide, Heiden wie Juden, jeweils eine Zeit des
Ungehorsams und eine Zeit der exklusiven Annahme erfahren.
Das Nebeneinander der beiden Kapitel Römer 9 und Römer
10 lässt erkennen, wie Paulus die Rollenverteilung in der Heilsgeschichte denkt. In Römer 9 hebt er das Handeln Gottes
hervor: Gott verstockt, er bereitet Gefäße des Zorns, er stellt
auf Sion eine Falle auf. In Römer 10 wird dagegen das Tun
der Menschen bedacht: Israel hat seine eigene Gerechtigkeit
gesucht, es hat sich der Gerechtigkeit Gottes nicht unterworfen, es war ungehorsam und hat nicht geglaubt. Es ist daher
nicht entschuldbar. – Ordnet man beides auf einer einzigen
zeitlichen Linie einander zu, dann steht am Anfang dieser un-
heilvollen Phase, dass Gott auf Sion eine Falle aufstellt und
Boten aussendet. Dann ist Israel ungehorsam. Zur Strafe wird
es verstockt, diese Strafe wird erst aufgehoben, wenn Gott in

Zukunft auf dem Sion erscheinen oder Jesus dorthin senden wird. Dadurch kann Israels Ungehorsam aufgehoben werden. Die Verstockung Israels dient ihrerseits dazu, dass in dieser Zeit die Heiden für das Evangelium angesprochen werden können.

Beidemale folgte ein Wechsel von Ungehorsam zu Erbarmen. Doch bei den Heiden erfolgte dieser aufgrund des Ungehorsams der Juden. So hat Israel dazu beigetragen, dass die Heiden das Heil erlangen konnten, und die Heiden sind so auf sehr eigenartige Weise an Israel gebunden.

So gilt also für das ganze Drama als ungeschriebenes Gesetz die Szenenfolge: Auf Ungehorsam folgt Erbarmen. Die wenigen Judenchristen haben dieses zuerst erfahren, dann die Heidenchristen; aber auch der ungläubige Teil Israels wird dasselbe erfahren können, nur phasenverzögert, nur eine Zeit später, aber nach derselben Regel. Gott wird auch an ihnen so handeln.

Besondere Beachtung verdient der paulinische Ausdruck »er hat zusammengeschlossen« (so wörtlich in Römer 11,32). Das Wort heißt im Griechischen »zusammenschließen«, »in die Haft übergeben«. Gott ist in diesem Ausdruck vorgestellt wie ein Gefängniswärter, der Menschen einschließt, so dass sie nicht ausbrechen können. Er schränkt ihren Spielraum drastisch ein. Paulus sagt nicht: Gott ist die Ursache des Ungehorsams. Aber es heißt doch: Gott ließ, wenn man überhaupt handeln wollte, keine andere Wahl als den Ungehorsam.

Es gibt eine vergleichbare Aussage in Galater 3,22: *Das Gesetz hat alle verurteilt und sie durch seinen Schuldspruch alle zusammen eingeschlossen wie Strafgefangene. Dadurch blieb der Weg der Verheißung offen, und er gilt für alle, die glauben.* Das Gesetz, wörtlich hier: die Schrift, deckt Gottes Urteil über die Welt auf.

Auch hier geht es am Ende um etwas Gutes als Resultat des Einschließens: Gott führt die ganze Menschheit durch das Gericht hindurch, um sie in die Tiefe seiner Barmherzigkeit hineinzuholen.

Bei Paulus ist daher Gott in der Menschheitsgeschichte nicht nur wirksam, sondern überdies auf eine von uns spontan als negativ oder jedenfalls als extrem fragwürdig beurteilte Weise. Nach Römer 9,33 hat Gott für Israel den Fallstrick gelegt. Wer aber eine Falle stellt, rechnet darauf, dass der dafür Vorgesehene hineintappt. Und nach Römer 1,28 hat Gott alle Menschen dem Unverstand übergeben, hat sie blöde gemacht, weil sie ihn nicht anerkannten. So ist Gott nach dem Römerbrief mindestens zweimal verstockend tätig geworden: für die Menschheit insgesamt und speziell für Israel angesichts der Ablehnung Jesu Christi. Zu abgründig ist dieses Geschehen jeweils, als dass der Mensch allein hier am Werk sein könnte. Der Mensch ist nicht sein Herr in eigener Regie, auch nicht in seinem Versagen. Gott war zwar nicht Ursache des Sündigens, aber er selbst verstellte den Weg zu jeder Alternative, so dass das Straucheln selbst Israels vorhersehbar war. Gott übergibt den Menschen seiner Verblendung: Er hat seine Regie auch dann nicht aufgegeben, wenn es um das Versagen des Menschen geht. Gott bleibt auch dann der Regisseur des Dramas und er bestimmt den Ort einer Szene im ganzen Stück, und damit auch den Handlungsspielraum und das Bühnenbild. Er teilt die Rollen zu. Nur der Rest ist Ort der menschlichen Freiheit.

Gott ließ keinen Ausweg. Und doch wird an der Verantwortlichkeit der Menschen kein Zweifel gelassen.

Aber Gottes Weg ist nicht der Weg der Menschen. Er benutzt den Weg der Menschen, um zu seinem (guten) Ziel zu gelangen. Gerade dort, wo der Mensch meint, allein auf dem Weg zu sein, als Sünder Gott los zu sein, gerade dort ist Gott als Regisseur tätig oder geht ihm unerkannt voraus. Gottes Tun gibt die Richtung an. Es schließt das Handeln des Menschen ein, umfängt es gerade auch im Blick auf das Ende auf positive Weise. Gott schafft Bedingungen, eine Art Rahmen, innerhalb dessen der Mensch handeln kann. Das, was Gott nach Paulus bestimmt, ist nicht nur die Situation im Augenblick, sondern überdies für lange Zeit.

Die Frage ist: Kann man dieses negative wie positive Um-schließen Gottes, dieses Umfassen und Umfangen aller menschlichen Wege heute verständlich machen?

Fünfte Stufe:
Gottes Gericht in der Geschichte?

Für bestimmte Stationen der Geschichte eines Volkes können prophetische Figuren sagen: Hier war Gottes Gericht am Werk.

War es nicht gut, dass Deutschland nach dem Vertrag von Versailles seine Kolonien verlor? Sind uns und anderen dadurch nicht blutige Kolonialkriege erspart geblieben? So mag man in aller gebotenen Vorsicht denken.

Alles zur dritten Stufe Gesagte gilt auch hier – nur übertragen von der Biographie auf die Geschichte. Besonders die pro-phetische Geschichtsdeutung gibt immer wieder Beispiele dafür, dass historisch-politische Katastrophen als Gottes Ge-richt gedeutet werden. In diesem Zusammenhang entsteht die Gattung der sogenannten Gerichtsdoxologie, in der nach dem Schema »Wahr und gerecht sind deine Gerichte, Herr ...« (zum Beispiel 2 Chronik 12,6; Daniel 3,27f.; Psalm 10,10b) Gott für sein richterliches Tun anerkannt wird; auch im Neuen Testa-ment lebt diese Gattung fort, und zwar in der Offenbarung des Johannes (6,7; 19,2). Nach dem deuteronomistischen Ge-schichtsbild ist (die Zerstörung Jerusalems oder des Tempels bzw.) das Exil jeweils die Strafe für die vorangehende Miss-achtung oder auch Misshandlung von Gottes Propheten. Ger-hard von Rad spricht vom »Feuervorhang schrecklicher Ge-richte an Israel« (Theologie des Alten Testaments II, S. 195). Schon nach Hosea ist es nicht nur die schicksalwirkende Tat-sphäre oder eine unpersönliche Gesetzlichkeit, die sich an Is-rael erfüllte. »Im Gegenteil, es ist Jahwe, der jetzt ihrer Taten – sie sind ›vor seinem Angesicht‹ (Hos 7,2) – gedenkt ... Ja, die gewisse Blässe hinsichtlich der konkreten Vorgänge beim Vollzug des Gerichtes erklärt sich von da her, dass die ganze Kraft der prophetischen Aussage darauf gerichtet ist, dass jetzt Jahwe gegen sein Volk aufsteht. Er wird es züchtigen …, er wird ihm zum Löwen …; er fängt es wie ein Jäger … Gegenüber diesem Ich, das allen Raum der Geschichte von jetzt ab ausfüllen und bestimmen wird, … ist das geschichtliche Wie fast ohne Interesse« (G. v. Rad, ebd., S. 155).

Sechste Stufe:
Boten Gottes

Gott sendet Boten. Er inspiriert und drängt sie.
Sie fühlen sich verpflichtet.

Nach stoischer Lehre ist die Weltvernunft auch zuständig für die Fürsorge und Vorsorge für alles Lebendige.

Als das Judentum mit seiner Bibel in den hellenistischen Bereich eintrat, in dem die stoische Philosophie in Geltung stand, hat es nicht einfach Gott mit der Weltvernunft gleichgesetzt. Das war nicht möglich, weil die Weltvernunft nicht wirklich transzendent und insbesondere nicht personhaft gedacht wird. Aber es gab eine Größe, die man mit der die Welt und die Geschichte lenkenden *pronoia* gleichsetzen konnte, und das war die Weisheit. Nach den Weisheitsschriften der Bibel ist sie die der Welt zugewandte Seite Gottes. Durch die Identifizierung mit der *pronoia* der Griechen bekommt nun die Weisheit neue Aufgaben und Funktionen: Nach der jüdischen Schrift »Weisheit Salomos« (1. Jahrhundert n. Chr.) wird der Weisheit nun die Funktion der Lenkerin der ganzen Geschichte Israels zugeteilt: So ist sie es, die als die in der Welt handelnde Macht Gottes Israel durch das Rote Meer führt. Sie rettet Gottes Volk in der Geschichte.

Ihre Spuren hinterlässt diese Gleichsetzung auch im Neuen Testament. So wie man früher (im Griechentum) und später gesagt hat, die Vorsehung schicke dem Volk seine Führer, so sagt man jetzt: Die Weisheit sendet Propheten und Apostel (Lukas 11,49). Nach 1 Korinther 1,24 ist »die Weisheit Gottes« mit Jesus als dem Repräsentanten Gottes in der Welt (Retter und Richter) identisch. Nach Lukas 7,35 sind Jesus und Johannes der Täufer Kinder der Weisheit, sie ist also deren Mutter. Während nach Lukas 11,49 und 7,35 also die Weisheit Boten zu den Menschen sendet und so zu diesen kommt, kommen nach Matthäus 11,19 und 11,23 die Menschen zur Weisheit, auf die sie in Jesus stoßen. Jesus ist also in beiden Fällen der Repräsentant der Weisheit Gottes. – Damit sind wir bei Lukas und Matthäus (hier in der Gestalt der ihnen gemeinsamen sogenannten Logienquelle [Q]) sowie in 1 Korinther 1,24 gar nicht weit vom Johannes-Evangelium, in dem die Weisheit Gottes nun durch den Logos ersetzt ist, der in Jesus wohnt und spricht.

Für unsere Fragestellung ist das nicht unwichtig, und zwar aus folgenden Gründen.

Hier wird Jesus Christus grundsätzlich in die Frage hineingezogen, wie Gott die Welt regiert. Von der Vorsehung kann ab jetzt nicht mehr ohne ihn die Rede sein. Er ist der Ausweis dessen, wie sich Gott um die Geschichte der Menschen kümmert, wie er in der Welt handelt.

Konkret heißt das: Nach Lukas 11,49 handelt Gottes Weisheit durch die Sendung von Propheten und Aposteln, nach Matthäus 11,19 durch die Taten Johannes des Täufers und Jesu, nach Lukas 7,35 durch die Sendung von Johannes und Jesus. Nehmen wir 1 Korinther 1,24 hinzu, so wird ein frühchristliches Grundkonzept erkennbar: Gott handelt durch Personen, die er schickt. Dass sie eine Botschaft ausrichten, ihre Taten und ihr Geschick, genau dieses ist Gottes Handeln in der Welt. Für Paulus gilt das nur für eine Person: Jesus, für Lukas 11,49 sind es – nach Jesu eigenem Wort (!) – eine Vielzahl von Gesandten. Gott handelt in der Welt – vornehmlich an Israel – durch Sendung von Menschen. So wird das verwirklicht, was Lukas 1,78 im *Benedictus* steht: *Denn Gott hat mit uns Erbar-*

men. Wenn er zu uns kommt, wird es sein, wie wenn die Sonne aufgeht ...

In Lukas 11,49 hat Jesus selbst die Zahl der »Propheten und Apostel« nicht begrenzt. Das bedeutet: Gott handelt auch weiter – und wohl sicher auch über Jesus hinaus –, indem er Menschen sendet und bestellt. Wie das in der Kirchengeschichte konkret aussieht, beschreibt Apostelgeschichte 13,1–3: Propheten und Lehrer sind versammelt und bestellen nach Fasten und Gebet Apostel (Paulus und Barnabas) für eine befristete Aussendung.

Gott kümmert sich, indem er Menschen bestellt. Das ist die speziell christliche Antwort auf die Frage nach der Art des Handelns Gottes in der Welt. Sie hat »christologische Struktur«, weil Jesus selbst diese Form des Handelns Gottes in der Welt darstellt. Daher fordert Jesus selbst, der Hirte, dazu auf zu beten, Gott möge weitere Hirten in seine Herde senden (Matthäus 9,37f: *Die Ernte ist riesig, doch es gibt viel zuwenig Erntearbeiter. [38] So fleht zu ihm, dem die Felder gehören, dass er genug Arbeiter in seine Ernte schickt*). Durch diesen Satz weist Jesus selbst darauf hin, dass Menschen durch ihr Gebet Gott bei seinem Handeln in der Welt unterstützen können.

Um Sendung und Inspiration geht es auch bei Philo von Alexandrien (Dass das Schlechtere dem Besseren nachzustellen pflegt, § 145): »Straft er uns aber, so wird er nachsichtig und mild in seiner Güte unsere Fehler wieder gut machen, indem er den zurechtweisenden Tadel, sein eigenes Wort, in unsere Seele entsendet, durch das er sie um ihrer Sünden willen schmäht und schilt und retten wird.«

Siebente Stufe:
Einheit als Endziel

*Durch Gottes Handeln wird die Menschheit der
Einheit und Einigkeit entgegengeführt.*

Der Kirchenlehrer Origenes († 254) sagt in seinem Buch »Über
die Ursprünge« (2,1,2): »Nun gestaltet und lenkt Gott durch
die unaussprechliche Kunst seiner Weisheit alles, was wie auch
immer entsteht, zu irgendeinem Nutzen und zum gemeinsamen
Fortschritt des Gesamten.« Wörtlich: Gott »gestaltet um« und
»repariert«, »bereitet neu«. Zweifellos ist damit auch Böses
gemeint, und die Richtung, in die Gott umgestaltet, ist die Einheit und Einigkeit der ganzen Welt. Origenes argumentiert hier
deutlich endzeitlich, also mit Blick auf die Einheit und Einigkeit als Ziel. Wir können dieses wohl von ihm lernen, vom Ende
her zu denken und auf das zu vertrauen, was Gott aus allem
machen wird. Das schließt auch den Gedanken ein: Noch ist
eben nicht alles zur Einigkeit aller Dinge geführt.
Auch bei Paulus haben wir gesehen, dass er vom Ende her denkt.
Weil für ihn das Ziel feststeht, kann er auch den Weg richtig
deuten. Das Ziel heißt für ihn: die Einheit der gesamten durch
Jesus Christus erlösten Menschheit, Judenchristen und Heidenchristen. Wenn das Ziel also Einheit ist, dann bestimmt sich
von daher auch alles Einwirken Gottes auf die Welt. Origenes
hat das im Anschluss an seine oben zitierten Sätze so formuliert:
»... so bringt er [Gott] auch die Geschöpfe, die von sich aus
durch ihren geistigen Unterschied so weit voneinander entfernt
waren, zu einer gewissen Einheit des Wirkens und Strebens:
zwar bleiben die geistigen Bewegungen verschieden, aber sie
machen zusammen die Fülle und Vollkommenheit der *einen*
Welt aus, und gerade die geistige Verschiedenheit führt zu dem
einen Ziel der Vollkommenheit. Denn eine einzige Kraft ist es,
die die ganze Mannigfaltigkeit der Welt umfasst und zusammenhält und die verschiedenen Bewegungen auf *ein* Werk hin

lenkt, damit nicht das riesige Weltgebäude durch die Uneinigkeit der Geister sich auflöse. Und deshalb meinen wir, dass Gott,
der Vater des Alls, zum Heil all seiner Geschöpfe nach dem
unaussprechlichen Plan seines Wortes und seiner Weisheit das
Einzelne so angeordnet hat, dass einerseits die Vernunftwesen
… nicht gegen ihren freien Willen mit Gewalt zu etwas anderem gezwungen werden als wozu ihre geistige Bewegung hindrängt … und dass andererseits die verschiedenen Bewegungen ihres Wollens sich zur Harmonie einer einzigen Welt …
zusammenfügen« (Übers. H. Görgemanns).

Origenes geht vom Schema Einheit – Vielfalt – Einheit aus.
Die Einheit des Anfangs ist wiederzugewinnen. Uneinigkeit aber
würde das Ende der Welt bedeuten. Immerhin hat Origenes noch
so viel aus der urchristlichen Erwartung der Zukunft bewahrt,
dass er sie im Werden auf ein Ziel hin sieht. Folgt man Origenes, so geht es überall dort um Willen und Handschrift Gottes,
wo es Tendenzen und Entscheidungen, Aktionen und Vereinba-
rungen in Richtung auf Einheit und Einigkeit der Menschheit
gibt. Innerhalb der Christen ist dieses ja bereits das Anliegen
Jesu nach dem Johannes-Evangelium. Einigkeit ist für dieses
Evangelium die Spur Gottes in der Welt und die Absicht Gottes
für die Welt. Das johanneische Wort dafür heißt Liebe.

Achte Stufe:
Synchronismus

*Gott verursacht Synchronismus von Ereignissen
in Biographie und Weltgeschichte.*

Die Sinnebene des Lebens

Der erste Schritt besteht darin festzustellen, dass es auf dieser
Ebene um den »Sinn des Lebens« geht. Das sei gerade am un-
gelösten Problem des Synchronismus erläutert. Für den Naturwissenschaftler ist das Zusammentreffen zweier voneinander

unabhängiger Ursachenreihen (nach dem Muster: Hätte der Zug nicht Verspätung gehabt, so hätte ich X nie getroffen) ein Geheimnis. Hat eine Reihe die andere angezogen? Wer oder was bewirkte diese Anziehung? – Was so im Sinne der Kausalität bislang unerklärbar zu sein scheint und als Zufall abgetan wird, gewinnt auf der Ebene des Sinns eine ganz andere Bedeutung. Denn Synchronismus gibt es laufend, nur ist das eine Ereignis vom anderen durch seine Bedeutung unterschieden. Etwas Ungeplantes erlebt man bei jeder Zugverspätung. Nur dass ein bestimmtes Zusammentreffen für mein Leben bedeutsam wurde, liegt auf der Ebene des Sinns. Und über diesen Sinn denke ich nach, indem ich mich erinnere und meine Wege »einsammele«. Darin, dass etwas sinnvoll geworden ist, erkenne ich dann auch – als Christ – Gottes Handschrift. Ich kann Gott dafür danken, weil auf der Sinnebene ein untrennbarer Zusammenhang von Faktum und Bedeutung, von Ereignis und Sinn entsteht. Und hier kann es dann deshalb um Gott gehen, wenn und weil der Glaube mir den roten Faden im Leben und damit den Zusammenhang erschließt. Wenn ich daher im Rückblick Gott danke, dann doch vor allem deswegen, weil das Ereignis damals so wichtig für mein Leben geworden ist. Gott hat es werden lassen. Und noch mehr: Zum Beispiel und wohl vor allem vor Gott erkenne ich den Sinn.

Insofern sind alle Versuche, Gott gegen den Zufall auszuspielen, falsch gelagert. Und die Sätze sind richtig: »Dass Reich-Ranicki … wiederholt der Ermordung knapp entgangen ist, nennt er nur Zufall. Auf Anfrage bei Reich-Ranicki, ob er nun dem Zufall danke, bekam ich keine Antwort … Gottes Vorsehung ist uns ständig … nahe. Seine Weisheit und Größe lebt mit jedem von uns eine persönliche Liebesgeschichte … Was für eine armselige Vorstellung steckt hinter der Flucht in den Zufalls-Glauben, in Evolution, in vermeintliches Absichern nur durch naturwissenschaftliches Denken. Als ob das Sichtbare dem Unsichtbaren überlegen wäre, etwa ein Pfund Brot absolut mehr wäre als Gottes Liebe oder die Treue eines Freundes. Gott kann gar nicht anders, als sich ständig liebend einzumischen, indem er uns anschaut. Sogar wer sich von ihm abwendet, spürt noch seinen schmerzlichen, liebenden Blick. Zufalls-Behauptungen sind nichts anderes als Flucht vor Gott, als könne etwas allein aus sich selbst geschehen, autonom, als könnten wir ihn soweit wegschieben aus unserem Leben, dass es keinen tiefsten Sinn mehr gäbe« (W. Pietrek).

Was wir die Sinnebene nennen, kann man auch als Tiefenschicht bezeichnen oder als den Bereich, in dem es um Bedeutung und Ziel des ganzen Lebens geht. An anderer Stelle habe ich diese Ebene den »mystischen Bereich« genannt, und wenn der zitierte Autor Pietrek von einer »Liebesgeschichte« spricht, dann meint er eben dieses. Gott anzunehmen, ihm gewissermaßen eine Funktion in allem Geschehen zuzubilligen, ist kein naiver Fundamentalismus, sondern bedeutet, das Geschehen in der Welt als »mehrschichtig« anzusehen.

In welchem Verhältnis zueinander diese beiden Bereiche stehen, wird uns noch beschäftigen.

Das Mitsein Gottes

Der liturgische Gruß »Der Herr sei mit euch!« ist biblischen Ursprungs. Die Aussage oder Zusage, dass der Herr »mit« jemandem ist, nennt man die Beistandsformel. Damit ist schon angedeutet, dass es sich nicht einfach um eine stillschweigende Begleitung durch Gott handelt, sondern um eine dynamische. Dass es sich ursprünglich um eine Begleitung auf dem Weg handelt, wird besonders aktuell, wo diese Formel wieder auflebt in Berichten über die Aussendung von Jüngern.

Manche Formulierungen sagen dann etwas mehr über diese Art Begleitung, so wenn es im Judentum bei Flavius Josephus im 1. Jahrhundert heißt: »Ich komme und werde dich führen auf diesem Weg.« Oft wird das Mitsein auch auf Missionserfolg oder Wunderkraft ausgelegt, und dann heißt es, dass »Gnade« oder »Friede« bei jemandem ist. Um den tatkräftigen Beistand geht es nach Apostelgeschichte 12,11 *(Gott hat seinen Engel gesandt, mich aus der Hand des Herodes errettet und vor allem bewahrt, was das jüdische Volk gern gesehen hätte).* Der von Gott

Gesandte bittet: »Schenke mir Ansehen und Überzeugungskraft, wenn ich gehe ...« In den frühchristlichen Petrusakten sagt Jesus zu Petrus: »Wenn du mich um Wunder bittest und um Zeichen, dann stelle ich mich zu dir, und du wirst viele bekehren.« In der Andreasakten sagt Jesus zu Andreas: »Ich bin bei dir und verlasse dich nicht.« In dem »Brief der Apostel« aus dem 2. Jahrhundert sagt der Auferstandene zu den Jüngern: »Wie mein Vater getan hat durch mich, werde auch ich tun durch euch, indem ich mit euch bin, und ich werde euch meinen Frieden geben und meinen Geist und meine Kraft, auf dass die Menschen glauben.« Immer wieder wird hervorgehoben, dass aller Missionserfolg darauf beruht, dass der Herr dabei ist und die Menschen »drängt, dass sie dir glauben«. Eindrucksvoll sind die Akten des Apostels Philippus. Jesus erscheint Philippus und sagt ihm: »Warum zweifelst du? Hast du meine Lehre nicht gehört: Ich werde immer mit dir sein, helfend und schützend ... Mit euch bin ich an jedem Ort, in Flüssen und auf Meeren werde ich ein guter Steuermann sein ... Die Gnade meines Geistes wird euch die Wege ebnen an allen Orten, in Städten und Ländern.« Aufgrund des zuletzt genannten Textes kann man auch vermuten, dass der Zweifel einiger Jünger, von dem Matthäus 28 berichtet (28,13: *Einige aber zweifelten*), durch die abschließende Verheißung des Mitseins überwunden werden soll (28,20: *Siehe, ich bin mit euch alle Tage ...*).

Daraus geht hervor: Das Mitsein verheißt Schutz, Rettung, Wundertun und nicht zuletzt auch Überzeugungskraft angesichts der Adressaten der Mission. Der Herr ist stärkend dabei, wenn Jünger zur Mission ausgesandt werden. Ähnlich hatte schon Paulus gesagt, dass Gottes Geist wirkt, wenn der Apostel missionarisch auftritt. Während er selbst nur schwächlich ist und zittert, schenkt Gott Erweise des Geistes und der Kraft (1 Korinther 2,1–4). Wenn ihm, Paulus, in der Mission etwas gelingt, dann kann es nicht an seinen nur menschlichen schwachen Kräften liegen. Gott (oder der aussendende erhöhte Herr) wirkt schließlich auf beiden Seiten in der missionarischen Situation: auf der Seite des Senders (zum Beispiel durch Wunder) und der des Empfängers (zum Beispiel durch Überzeugungskraft).

Andererseits ist klar, dass man für Misserfolg in der Mission nicht den fehlenden Beistand Gottes verantwortlich machen kann. Für die Fehler bleibt immer der Mensch voll verantwortlich. Entsprechendes ist in allen Fällen der Wirksamkeit Gottes in der Welt der Fall.

In, mit und durch den Apostel, unter seinen Händen wirkt der, der ihn ausgesandt hat. Davon lässt sich das frühe Christentum nicht abbringen. Und selbst von Jesus kann Nikodemus angesichts seiner Wunder sagen: Gott ist mit dir (Johannes 3,2).

Wir fragen jetzt nicht, ob man dieses Mitsein rational oder irgendwie empirisch beweisen kann. Denn das geht nicht. Wir fragen vielmehr nach dem Verständnis von Wirklichkeit und von Gott, das zugrunde liegt, und wir erforschen, ob wir uns von diesem Verständnis etwas abgucken können. Das betrifft vor allem den Tatbestand, dass die hier angesprochene missionarische Situation eine komplexe ist, weshalb man denn auch vom Glücken einer Mission spricht. Genau hier ist einzusetzen.

Komplexe Situationen

Beim Mitsein des Aussendenden mit dem Ausgesandten in der Situation der versuchten Bekehrung geht es um eine komplexe Situation mit sehr zahlreichen Faktoren. Dazu gehören sämtliche Bedingungen auf der Seite des Adressaten wie auf der Seite des Missionars. Das sind zum Beispiel die beiderseitigen Kulturen und ihre Berührungspunkte oder gerade Verschiedenheiten. Das sind auch viele scheinbare Äußerlichkeiten, aber auch Gestimmtheiten. Dazu kommt das, was man in Anlehnung an heidnischen Fortuna-Glauben die »Gunst der Stunde und des Ortes« nennt. Auch wer vom »Genius loci« spricht, meint etwas Heidnisches, nämlich eine Schutzgottheit. Hier zeigt sich wieder, wie wenig die christliche Theologie komplexe Situationen dieser Art bedacht hat.

Beim Synchronismus passiert nun Ähnliches wie bei der komplexen Situation der Mission. Bei beiden geht es um ein Geheimnis. Genau an diese Stelle passt nun auch das oben Erörterte.

Unsere Überlegungen werden durch die Einsicht unterstützt, dass für biblisches Denken die Zeit und damit die Gleichzeitigkeit ungleich wichtiger ist als die Gemeinsamkeit des Ortes. Bei der Fernheilung in Matthäus 8.5–13 (= Lukas 7,1–10) wird das erkennbar. Dass Jesus den Geheilten nie sieht, weil der zu Heilende Sklave ist und heidnisch, das ist gar nicht erheblich. Wichtig ist nur, dass der Sklave des Hauptmanns zur selben Stunde gesund wurde, da Jesus mit dem Hauptmann gesprochen hatte. – Dies ist der Wahrheitsgehalt der im Übrigen etwas naiven Position in der Theologie der sechziger Jahre, wonach griechisches Denken räumlich und jüdisches Denken zeitlich orientiert sei und man alles griechisch-räumliche Denken meinte ablehnen zu müssen, während man das existenzielle, an der Zeit orientierte semitische Denken meinte feiern zu müssen. Wahr daran ist, dass das Zeitliche und damit auch Gleichzeitigkeit, Erinnerung und Kalender wichtig sind.

Neunte Stufe:
Bekehrung

Gott bewegt ein Herz zur Umkehr, er tröstet es
und setzt es in Bewegung. Er bekehrt.
Er stärkt im Kampf.

Aus dem Neuen Testament und einer entsprechenden Stelle bei Philo von Alexandrien wird erkennbar, dass man bestimmte Dinge für so schwierig hielt, dass man sie nur Gott zutrauen konnte. Dazu gehört insbesondere das Aufschließen oder Erweichen des Herzens, vor allem das eines Reichen. Die neutestamentliche Stelle ist Markus 10,24–27: *Die Jünger erschraken sehr über seine Worte. Jesus sagte noch einmal: »Kinder, wie schwierig ist es, in das Reich Gottes zu kommen. (25) Leichter geht ein Kamel durch ein Nadelöhr, als dass ein Reicher in den Himmel kommt.« (26) Die Jünger entsetzten sich noch*

mehr und sagten zueinander: »Wer kann da noch gerettet wer-
den?« (27) Jesus blickte sie an und sagte: »Bei den Menschen
sicher niemand, aber bei Gott ist es möglich. Bei Gott ist alles
möglich.«

Die Stelle bei Philo († um 45/50 n. Chr.) lautet: »Wie kann
eine Seele, die von Unreinheit befleckt ist, wieder schön werden? Nicht nach den Möglichkeiten der Welt, aber nach denen Gottes, denn für ihn ist möglich, was für uns unmöglich
ist« (Über die Einzelgesetze 1, 282). Auch hier geht es also
um die Umkehr von Ungerechtigkeit zu Gerechtigkeit, die man
Bekehrung nennt.

Im Schreiben des Theophilus an Autolykos 2,13,2–4 (2. Jahrhundert n. Chr.) wird der Satz »Denn was bei den Menschen
unmöglich ist, das ist bei Gott möglich« auf die Schöpfung
bezogen. Gott erschafft so aus Nicht-Seiendem. In diesem
Licht erscheint die Aussage bei Markus fast als eine Schöp-
fungsaussage.

Hier wird mithin etwas geschildert, das nur Gott vermag. Auch
Paulus meint in diesem Sinne, die Entstehung des Glaubens
sei Werk des Heiligen Geistes.

Ähnlich wie ein Wunder hat das von Gott im Herzen Bewirkte
sichtbare Konsequenzen; bei dem Reichen, von dem Markus
erzählt, wäre das der Verzicht auf Reichtum. Anders als beim
Wunder wird jedoch der Leib nicht gleichzeitig auch verwandelt.

Der Kampf

Die Bildersprache des Kampfes ist bei Theologen und Psy-
chologen nicht gerade beliebt. Man hat etwas gegen Dualismus, und statt in schwarz und weiß zu malen, bevorzugt man
die Grautöne der Toleranz und Harmonie. Damit aber ver-
schwindet eine Urgegebenheit des Menschlichen, ja Kreatürlichen aus dem Blickfeld. Umso schlimmer ist dann das jähe
Erwachen, wenn sich wider Erwarten jemand als Kämpfer
zeigt.

Kampf ist eine Ausnahmesituation, eine Extremsituation, in der mit letzter Kraft alles aufgeboten wird. Daher kann in der Situation des Kampfes etwas von dem sichtbar werden, das alles trägt. Auch in der Sicht der Bibel ist die Situation des Kampfes, gerade weil es um das Äußerste geht, dazu geeignet, Göttliches oder Teuflisches plötzlich hervortreten zu lassen.

So ist es bei Jesus in seinem Versuchungskampf in Gethsemane: Ein Engel kommt und stärkt ihn (Lukas 22,43). Wo es um das Letzte geht, wird erkennbar, wie dünn die Wände sind, die uns vom unsichtbaren Bereich Gottes (und des Teufels) trennen. Es liegt alles gar nicht weit auseinander.

Das gilt auch für den Kampf gegen die bedrohlichen Mächte: Nach Epheser 6,12 ist unser Kampf gegen die bösen »Weltherrscher« zu führen. Und 2 Korinther 6,14–15 lehrt uns, dass es hier keinen Kompromiss gibt.

Den Weg der Märtyrer hat die Kirche immer als einen Kampf aufgefasst, der zum Sieg führt. Und die Mönchsväter haben den geistlichen Kampf in der Wüste fortgesetzt. Es waren Kämpfe gegen fast alles, was die Märtyrer jeweils umgab, vor allem auch gegen Schwäche und Mutlosigkeit in sich selbst. Heute ist daraus der Kampf gegen Kleinglauben und Nihilismus geworden.

Dort aber, wo ein Kampf geführt wird, bekommt die scheinbar harmonische Fläche unseres Daseins Risse, so wie Sandburgen Risse bekommen, wenn Flutwellen sie bedrängen; sie weisen hin auf drohenden Zerfall. Risse auf der Oberfläche unseres Daseins sind Indikatoren eines tiefer liegenden Kampfes, in dem es um Leben oder Tod gehen kann.

So wird in der extremen Anspannung des Kampfes immer etwas sichtbar von dem, was sonst unsichtbar bleibt: dass Gott mit den Streitern ist.

Zehnte Stufe:
Epiphanie

Gott wirkt durch Epiphanie und als Zielursache.

Gegenwart Gottes in der Welt

R. Bernhardt (1999) rechnet mit einer »operativen Präsenz« Gottes. Er meint damit weder eine Allpräsenz des Gottesgeistes noch eine Integration physikalischer Kraftfelder.

Andere sprechen gleichfalls von der Präsenz Gottes in der Welt, meinen damit aber bisweilen, dass Gottes Wesen »ausstrahle« in der Welt, so wie Liebe ausstrahle, um etwas oder andere einzubeziehen. Man begründet das dann in der »Allpräsenz« des Gottesgeistes; Geschöpfe handelten immer im Feld der Strahlkraft des Geistes Gottes (Apostelgeschichte 17,28). Besonders konkret und erfahrungsbezogen sind derartige Auskünfte freilich nicht.

Oder ist Gott nur ein Gleichnis für die »alles hervorbringende unteilbare Potentialität, für das Möglichkeitsfeld, in das wir Menschen eingebettet sind« (Hans-Peter Dürr)?

Eine weitere Argumentation nennt Gott auch »umgreifend« oder »zuinnerst« gegenwärtig. Für das Umgreifende bezieht man sich auf Apostelgeschichte 17,28 *(in ihm bewegen wir uns und sind wir),* für Gottes Gegenwart im Innersten (des Menschen) beruft man sich zum Beispiel auf Thomas von Aquin (Über die Wahrheit 8,16 ad 12: Gott ist jedem im Inneren näher, als er selbst es sich ist). Man könnte auch auf das Thomas-Evangelium Logion 77,2–3 verweisen: »Spaltet ein Stück Holz, ich bin da. Hebt einen Stein auf, ihr werdet mich dort finden.«

Da Bernhardt selbst mit dem mittelalterlichen Konzept der *causa finalis* rechnet, möchte ich seine Anregungen aufgreifen und mit jedenfalls nicht technischer Metaphorik, sondern mit biblischer und mittelalterlicher fortfahren.

Der scholastische Satz *bonum est diffusivum sui* (»Jedes gute Ding teilt sich durch Ausstrahlung an anderes mit«) rechnet nicht mit einer Wirkursache, sondern spricht von einem Wirken durch (Sich-)Verströmen. Doch das, was ausstrahlt, wird dadurch nicht gemindert. So wie sich ein psychisches Klima, wie sich die Erfahrung von Befreiung oder Güte mitteilen, so kann es wohl auch Impulse geben, die ein Klima für Gedeihen schaffen.

Die mittelalterliche Mystik und das Neue Testament kennen den Vorgang. Wenn der Mensch mit seinem geistigen Auge unverwandt auf etwas blickt (wie den auferstandenen Christus), so wird er durch die Gestalt geformt, an der er sich orientiert. Christus ist die Gestalt vor ihm, und er wird dieser Gestalt ähnlich, indem er sich ganz auf sie »konzentriert«. So sagt es der Apostel, dass wir durch das Anblicken der Herrlichkeit in immer größere Herrlichkeit hineinverwandelt werden.

Jedes Gegenüber prägt unser Leben. Dabei gibt es ein Mittleres zwischen Machen und Schicksal, zwischen Aktivität und Passivität, nämlich sich zu einem Bild (Schrift, Ikone, Sakrament) hinzubegeben und sich dessen Wirkung auszusetzen. Sich einladen zu lassen, um an dieser Stelle »seine Seele in die Sonne zu halten«.

Die Art und Weise, in der Gott so wirkt, ist nicht die der Intervention, nicht kausal, nicht linear, sie ist schlicht begründet in der ausstrahlenden Gegenwart Gottes.

Religionsgeschichtlich nennt man das »Epiphanie«.

Das Wort »Epiphanie« bedeutet: plötzliches hilfreiches, rettendes Erscheinen eines Gottes oder eines Herrschers. Da Jesus beides zugleich ist, steht ihm, wenn überhaupt einem, ein solches Geschehen zu. Unter »Epiphanie« ist hier wie auch sonst dieses zu verstehen: Gott wirkt gegenwärtig, er setzt die Geschichte des Heils in ein unmittelbar fassbares Wirken hinein fort. Die Gottesgegenwart ist zugleich Geistesgegenwart. Auch das Gebet und auch Teile des Gottesdienstes sind immer als Epiphanie aufgefasst worden. Die Gebete um das Kommen bringen das zum Ausdruck: wenn Menschen zum Beispiel um den Heiligen Geist beten (»Komm, heiliger Geist«,

»Komm, Schöpfer Geist …«). Die Kunst hat diese Augenblicke immer als das Aufscheinen göttlicher Herrlichkeit aufgefasst – bis hin zu Rembrandt und der äußersten, aber umso wirkungsvolleren Zurückhaltung, mit der er das Aufleuchten der Herrlichkeit Gottes darstellen kann. – Epiphanie ist ein Geschehen, das verwandelt. Es ist immerhin in seiner geistlichen Qualität so weit offenbar, es geht nicht um das Glauben gegen allen Anschein, sondern das Licht greift nach dem Menschen. Gottes Sehnsucht nach dem Menschen bricht als Herrlichkeit aus Schweigen und Finsternis hervor.

Um welche Tiefenschicht der Wirklichkeit geht es? Sicher nicht um den Bereich, in dem Kausalität gilt.

Der oben zitierte R. Bernhardt rechnet mit dem sozialen und sozialpsychologischen Bereich. Daher handelt es sich nach ihm bei diesen Weisen des Wirkens Gottes um »emanzipative oder rettende Strukturen«, um Freiheit schaffende Liebe oder um »kommunikativ-befreiende Praxis«. Das ist für eine »pneumatologisch begründete Vorsehungslehre«, wie er sie nennt, wohl zu wenig, aber sicherlich ein wichtiger Faktor, eine Ebene, auf der sich neue Schöpfung abbildet.

Gott wirkt als Zielursache

»Wir lieben die Medizin, weil sie zur Gesundheit führt«, so begründet Thomas von Aquin die *causa finalis* im Blick auf die Liebe (Summa 2–2, Frage 27). Hier steht die Liebe ganz im Zeichen der Hoffnung. Das Gesundmachen ist für die Liebe eine Zielursache. Noch ist das Gesundsein nicht da, aber wir lieben die Medizin schon seinetwegen.

Neutestamentlich-theologisch gesehen bedeutet die Rede von der Zielursache: Die Welt im Ganzen ist in den Sog geraten, der von ihrer Zielbestimmung her ausgeht. Das ist eben nicht das Ende oder der Weltuntergang, sondern das ist etwas über die Maßen Positives, nämlich Fülle und Kräftigkeit des Seins, Herrschaft der Gerechtigkeit, Wachsen bis zum Vollmaß dessen, der Mensch und Gott ist, also Jesu Christi. Das Ziel ist auch der offenbare Sieg des Zeugen und Märtyrers über die, die vergeblich versuchten, ihm das Kostbarste zu nehmen: seine Freiheit, anzubeten.

Nach der johanneischen und paulinischen Literatur lässt sich die Zielursache der ganzen Welt (!) so beschreiben: Es ist das Hinwachsen auf die Besiegung des Todes, und zwar in allen seinen Formen. Die Zielursache ist nach dem Epheserbrief (4,13) das »Vollmaß Jesu Christi«.

Diese Zielursache wirkt als eine Tendenz, die darauf hindrängt, entbunden zu werden. Sie wird in den Dingen immer stärker, das Alte nimmt immer mehr ab. Paulus verwendet in diesem Sinn das Bild vom inneren Menschen, der von Tag zu Tag immer kräftiger wird. Entgegen dem äußeren Augenschein, nach dem wir im Alter »immer weniger« werden, wird im Inneren, wo allein Wahrheit ist, etwas immer mehr. Der Beweis kann nur die größere Freiheit und Gelassenheit sein.

Die Zielursache wirkt in uns, indem ein Wachstumsprozess in die Richtung vorangetrieben wird, der mit dem Angeld und »Samen« des Heiligen Geistes in uns grundgelegt wurde. 2 Korinther 4,16–18 lautet: *Eben deshalb lasse ich mich nicht klein kriegen. Zwar wird mein irdisches Leben nach und nach aufgerieben und zerstört. Doch gleichzeitig wird das, was ich zukünftig sein werde, auf unsichtbare Weise schon jetzt ganz neu in mir begründet und wächst mit jedem neuen Tag. (17) Denn obwohl die gegenwärtige Bedrängnis nur leicht wiegt, hat sie doch schwerwiegende Folgen: unfassbare Fülle ewiger Herrlichkeit. (18) Unser Blick geht nicht auf das, was man sehen kann, denn das ist vergänglich, sondern auf das Unsichtbare, denn das ist ewig.*

Die *causa finalis* ist deswegen eine prägende Kraft, weil das Ziel ein herausforderndes und in diesem Sinne alle Kräfte lockendes, provozierendes Gegenüber ist. Von da aus wird verständlich, wie fatal es ist, wenn Gott nach einzelnen modernen Dogmatikern kein Gegenüber mehr ist. Konsequenterweise entfällt dann auch eine wirklich über das Jetzige hinausführende Eschatologie.

Nach den Gleichnissen über das Reich Gottes ist dieses Reich einem Wachstumsprozess unterworfen. Sein Maßstab sind die Gebote Gottes bzw. die Überwindung des Todes. Auch dieses Wachstum vollzieht sich jetzt schon jeden Tag. Die Wachstumsgleichnisse, insbesondere das von der »selbstwachsenden Saat«, gehen von einem zielgerichteten täglich aktiven Prozess aus.

Der reformierte Theologe U. Lüke spricht von der »strengen Gegenwart« Gottes in der Geschichte, einer »vertikalen Dignität« Gottes in der Geschichte (zitiert bei Weingartner [2001], S. 79) Der Gedanke ist sympathisch, besonders wenn man ihn auf die Kirche als den Ort dieser Gegenwart bezieht. Doch wie soll das spürbar sein? Kommt man dann nicht doch auf den Heiligen Geist und seine Gaben?

Nach Jürgen Moltmann ist der Geist Gottes in den Materiestrukturen gegenwärtig. Wird da nicht der Unterschied zwischen Geschöpf und Schöpfer-Geist verwischt?

Auch das folgende Beispiel geht von der verändernden Kraft aus, die Gottes Gegenwart wirken kann. Wenn Gott der »Ich bin da« ist, dann ist er der Retter schlechthin. Man könnte hier auch von Wunder sprechen, wäre dieses Wort nicht für den Exegeten festgelegt auf Geschehnisse im Zusammenhang der Verkündigung des Evangeliums.

Der jüdische Psychologe und Therapeut Viktor E. Frankl berichtet aus seiner KZ-Haft, in der er seinen Mithäftlingen gesagt habe, »kein Mensch wisse die Zukunft, kein Mensch wisse, was ihm vielleicht schon die nächste Stunde bringe«. Niemand wisse besser »als wir mit unserer Lagererfahrung, dass sich oft plötzlich irgendeine große Chance ergibt, zumindest für den Einzelnen.« Sie kann unvermutete Gestalt annehmen wie bei jener jungen Frau, die, als sie sterbend daliegt, einen blühenden Kastanienbaum durchs Barackenfenster sprechen hört: »Ich bin da – ich – bin – da – ich bin das Leben, das ewige Leben.« Frankl erlebt die Befreiung anders, als Befreiung der Insassen des KZ. Tage danach, beim Gang über das freie Feld, »da bleibst du stehen, blickst um dich und blickst empor – und dann sinkst du in die Knie. Du weißt in diesem Augenblick nicht viel von dir und nicht viel von der Welt, du hörst in dir nur einen Satz, und immer wieder denselben Satz: ›Aus der Enge rief ich den Herrn, und er antwortete mir im freiern Raum.‹ (K. Fischer).«

Elfte Stufe:
Aufhebung der Blockaden

Das psychische Geschehen ist so intensiv, dass es leibliche Veränderungen zur Folge hat (heute psychosomatisch deutbare Wunder). Dazu gehört auch die Auflösung der Blockade zur Selbstheilung.

Wenn es in neutestamentlichen Wundergeschichten heißt: »Dein Glaube hat dich gerettet«, dann ist der Glaube als die Wundermacht verstanden, die im Menschen selbst das Wunder wirkt. In dieselbe Richtung weist die Geschichte vom Hauptmann aus Kapernaum, die Matthäus (8,5–13) und Lukas (7,1–10) erzählen: Während sonst nach dem »Chorschluss« der Wundergeschichten oftmals die Menschen über den Wundertäter Jesus staunen, heißt es hier: Jesus staunte über den Glauben des Hauptmanns. Das heißt: Der Glaube selbst ist hier das eigentliche Wunder. Dieses Wunder geschieht, wie Wunder auch sonst, durch das Auftreten Jesu und unter seinen Händen. Aber es ist wichtig, dass hier der Glaube selbst als Wundermacht wirkt. Damit verschiebt sich der Schwerpunkt in der Deutung des Wunders ganz erheblich. Es heißt nämlich nicht einfach: »Jesus hat das Wunder gewirkt«, sondern: »Der durch Jesus geweckte und geschenkte Glaube hat das Wunder gewirkt.« Damit ist festgehalten, dass es eine wunderhafte Veränderung an dem Menschen gegeben hat, deren Ursache nur Gott sein kann (vgl. Markus 10,23 im Kontext der Erzählung vom reichen Jüngling).
Dieser Glaube als neue Kraft im Menschen vermag offenbar auch Kräfte der Selbstheilung zu wecken. Es ist gewiss nicht

illegitim, in den Texten, in denen der Satz vom rettenden und gesund machenden Glauben vorkommt, das Wunder in diesem Sinne als Resultat der Kraft des Glaubens zu verstehen. Das ist aber nicht nur die »imaginative« Kraft des Glaubens – die gibt es auch: »Glaube nur, dass du es erhältst, und es wird dir zuteil« –, sondern die lösende Kraft. Der Glaube löst in diesem Sinne die Blockaden im Menschen. Ähnlich wie der Glaube nach Hebräer 11,11 im Mutterschoß der Sara die Sperre gelöst hat, durch die der Same Abrahams zuvor daran gehindert war, sich einzunisten. Das Wunder wird durch diese Verlagerung in den Glauben und die Freisetzung der Selbstheilungskräfte nicht kleiner und nicht weniger.

Zwölfte Stufe:
Unvergängliche Personalität

Bei der Entstehung jedes neuen Menschen erschafft Gott eine unvergängliche Person (»Seele«).

Erschafft Gott jedem Embryo eine Seele?

Die Frage klingt zunächst scholastisch und scheint gleichzeitig unbeantwortbar zu sein. Denn woran sollte man den Vorgang gegebenenfalls erkennen können? Doch die jüngsten Debatten um die Genom-Ethik zeigen, dass hier ein wichtiger Punkt unseres Verständnisses vom Menschen berührt ist.

In der Tat liegt ein scholastischer Streit vorweg: In der Frühscholastik hat man zwischen Generatianismus und Creatianismus gestritten. Der Generatianismus (von lat. *generare,* »zeugen«) behauptete, die »Seele« des Kindes werde von den Eltern her weitervererbt; eine Unterbrechung des natürlichen Vorgangs der Zeugung sei nicht anzunehmen. Der Creatianismus (von lat. *creare,* »schaffen«), der behauptete, die Seele jedes einzelnen Menschen werde von Gott neu geschaffen, hat sich durchgesetzt, und zwar aus theologischen Gründen.

Empirische Gründe sind hier ja ohnehin nicht zu nennen. Eben deshalb kommt es hier auch nicht auf Vorstellbarkeit an. Vielmehr wird man sagen müssen: Wenn ohnehin alles Wichtigere in der Wirklichkeit »Steuerungskapazität«, Geist oder Intelligenz ist, dann besteht guter Grund anzunehmen, dass dieses auch bei der Entstehung des einzelnen Menschen eine große Rolle spielt. Dann ist der Mensch nicht so einzuschätzen, wie es üblicherweise (und vielleicht bedauerlicherweise) mit dem »lieben Vieh« geschieht.

Daraus ergibt sich bereits, dass der »Vorgang«, der gemeint ist, weder mechanisch noch automatisch noch biologisch vorstellbar ist. Die einzige angemessene Dimension ist die Liebe. Von der Liebe (verstanden in einem ganz und gar nicht romantischen oder nur emotionalen Sinn) haben wir bereits im Sinne von Ursprung und Ziel der Schöpfung gesprochen. Zu fragen ist sodann, was das eigentlich ist, das Gott zusätzlich wirken soll, und zwar als der Schöpfer. Um eine bestimmte Eigenschaft kann es sich kaum handeln, noch viel weniger um ein Gen für Religion. Wenn wir uns – wenigstens zunächst – auf den Sprachgebrauch der Bibel einlassen, können wir sagen: Das, was bei der Entstehung jedes Menschen aus Gottes Hand hervorgeht, ist seine Individualität, sein »Name«. Diese Individualität ist per se unaussagbar wie die Gottes. Das, was jeder Einzelne in seinem Kern und Wesen ist, gilt auch unserem Grundgesetz als unverfügbar und als der Grund für die unantastbare Würde des Menschen. Sie unterscheidet ihn von Maus und Stuhl und kommt ihm nach Auffassung der Bibel »vom Mutterleib an« zu.

Im Mittelalter hat man, wie erwähnt, über die Frage gestritten: Wird die »Seele« des Menschen im Ganzen vererbt, oder stiftet Gott jedem einzelnen Menschenkind zu Beginn die Seele ein, die je eigene Seele jedes Menschen? – Für das erste konnte man sich auf die Vererbung von Eigenarten berufen und darauf, dass Eltern nicht nur Materie weitergeben. Für das zweite berief man sich darauf, dass unzweifelhaft jeder einzelne Mensch von Anfang an ein besonderer und von Gott geliebter Mensch ist, mit einer unsterblichen individuellen Seele, die Eltern nicht hervorbringen können. Vielmehr schaffe Gott die Seele jedes Einzelnen. Vielleicht ist ein Mittleres richtig: Die vegetative und sensitive Seele entsteht bei der Vererbung, die rationale, individuelle Seele erschafft Gott neu.

Die biblische Auffassung

Aus der Bibel ist hier besonders Psalm 139 aufschlussreich: *(13) Ja, du bist es, der meine Nieren geschaffen, mich gewoben im Leibe der Mutter! (14) Ich danke dir, dass ich so wunderbar geschaffen! Wunderbar sind deine Werke! Meine Seele erkennt das gar wohl. (15) Vor dir war mein Gebein nicht verborgen, als ich im Geheimen gemacht ward, bunt gewirkt in den Tiefen der Erde. (16) Schon in der Urgestalt sahen mich deine Augen. In deinem Buch ward geschrieben jeder Tag! Alle meine Tage waren gestaltet, und war doch keiner vorhanden!* Die »Nieren« meinen nicht nur das Organ, sondern das emotionale Innere des Menschen (»Herz und Nieren«). In Vers 15 geht der Sänger des Psalms bis auf Adam zurück. Anders gesagt: Die »Grundgeschichte« von der Erschaffung Adams ist auch mit der Entstehung jedes einzelnen Menschen verwoben. Denn Grundgeschichten sind nicht grundsätzlich vergangen, sondern überall und immer noch präsent. Unter »Grundgeschichte« verstehe ich hier die alles spätere begründende und umfassende Erzählung vom Anfang und vom ersten Mal. In Vers 16 lautet das hebräische Wort für »Urgestalt« *golem*, und das bedeutet so viel wie Embryo. Durch Vers 16 wird – ganz im Sinne unseres Themas – die Erschaffung durch Gott im Mutterleib verbunden mit der Frage der Vorsehung Gottes. Der Psalm beschreibt im Ganzen die bleibende Nähe Gottes zum Beter, der auch bei äußerster Anstrengung vor Gott nicht davonlaufen kann. Weil Gott den Menschen geschaffen hat, kennt er ihn auch ganz genau. Denn wie sollte dem Handwerker das Innere seines Werkes verborgen sein? Darin gründet die Doppelfunktion Gottes als Schöpfer und Weltrichter.

Zur Umsetzung ist zu beachten, dass moderne Fragestellungen möglicherweise sinnlos sind. So gilt: Die »Prädestination«, von der Psalm 139 in Vers 16 spricht, steht in keinem Gegensatz zur Freiheit und insbesondere zur Verantwortlichkeit des Menschen.

Und daher gilt auch: Die Aussage über Gottes Erschaffen der Nieren usw. steht nicht im Gegensatz zum organischen Wachstum der Nieren. So wie der »fertige« Mensch nach diesem Psalm von Gott umfangen wird (Vers 5: *Von hinten und von vorne umschließt du mich, legst auf mich deine Hand*), so wird auch sein Wachsen und Werden von Gott umfangen.

Auch hier drängt sich wieder die Konkurrenzfrage auf: Ist es nicht mehr als ein bloßes Umfangen? Ist Gott nicht doch tiefer »in die Sache« hineingezogen als dadurch, dass er den Rahmen gewährleistet? Ist er nicht zum Beispiel bei der Entstehung der rationalen Seele und des ganz individuellen Personkerns stärker »engagiert« als etwa beim Werden der Knochen?

Seit dem 16. Jahrhundert denken wir an die Aufteilung der Aktivitäten. Der Psalm kommt nicht in dieses am Ende unlösbare Dilemma. Seine Alternativen richten sich nach den Schwerpunkten, die für ihn wichtig sind. Und die lauten: Kann sich der Mensch von Gott freimachen, ist er ohne Gott denkbar? Kann er vor Gott davonlaufen oder ist er immer Gottes Geschöpf, bis ins Innerste von Gott »erkannt« und durchschaut? Es geht daher nicht um das Maß der Schöpfungsaktivität Gottes im Verhältnis zu dem anderer Faktoren. Sondern hier geht es, wiederum modern gesprochen, um die Autonomiefrage. Diese Frage ist nicht auf Städte bezogen wie im alten Griechenland, sondern ist hier auf jeden Einzelnen zugespitzt.

Auch die Prädestinationsaussage in Psalm 139,16 ist nicht im Sinne der Konkurrenz oder Ausschaltung von Wirksamkeit gedacht, sondern besagt: In allem, was er tut, steht der Mensch vor Gott, schon längst bevor er es tut. Gott durchschaut ihn nicht nur, sondern hat auch das Vorher und das Nachher in der

Hand. Uns würden diese Bilder eher ängstigen. Für den Psalmisten dagegen vermitteln sie das Bild einer umfassenden Geborgenheit. Deshalb kann er in Vers 5 sagen: *Von hinten und von vorne umschließt du mich, legst mich auf deine Hand* – so wie man ein Neugeborenes mit einer Hand halten kann. Hier geht es daher um ein Höchstmaß von Trost, Geborgenheit, Behütet- und Daheimsein.

In der Anschauung der Bibel ist dieses Personsein keine psychische oder physische Substanz, sondern eine Relation, die auch die Möglichkeit der Sprache umfasst, das heißt die Fähigkeit zu hören und zu antworten. Insbesondere in der Fähigkeit der Sprache sieht die Bibel ein Anzeichen dafür, dass jeder Mensch von Gott bei seinem Namen gerufen und berufen ist. Nach der biblischen Schöpfungsgeschichte ist die Sprachfähigkeit auch damit verbunden, dass jeder Mensch von Beginn an Verantwortung trägt für die ihn umgebende Natur. Denn die Sprachbegabung zeigt sich daran, dass der Mensch jeder Kreatur einen Namen gibt.

So gestattet es die Sprachfähigkeit dem Menschen nicht nur, neue Namen für die Kreaturen zu finden, sondern auch Sprache für das eigene Innere und zum Beispiel Liebesbriefe zu schreiben. Es ist offenkundig, dass mit den beiden zuletzt genannten Qualitäten seine geheimnisvolle persönliche Identität zusammenhängt.

Eben weil diese nicht machbar ist, sondern nur individuell geschenkt, nimmt die Bibel an, dass es sich um ein je einmaliges Angerufensein von Gott handelt.

Weil der Mensch für die Schöpfung verantwortlich ist, deshalb ist er es auch vor Gott.

Als Gottes spezieller Partner ist, so sagt es die Bibel, der Mensch Gottes Ebenbild. Ebenbildlichkeit ist wiederum nicht machbar und, wie der Begriff sagt, nur von Gott herstellbar und feststellbar.

Daher erfreut sich der Mensch auch des besonderen Schutzes Gottes, wie es Psalm 139 sagt: »Von vorne und hinten umgibst du mich.«

178

Und schließlich: Was die Griechen Unsterblichkeit der Seele nannten, ist nach biblischem Verständnis die Unzerstörbarkeit des Personkerns. Daher ist zum Beispiel Auferstehung überhaupt erst möglich, weil der Mensch mit eben dem Namen, den Gott ihm gab, neu gerufen wird. Auferstehungsglaube und Überzeugung von der Menschenwürde hängen auf diese Weise miteinander zusammen.

Konsequenzen aus der besonderen Nähe zu Gott

Es ist klar erkennbar, dass das hier Formulierte vor allem ethische Konsequenzen hat. Das Wirken Gottes bei der Entstehung des Menschen ist nach theologischer Einordnung kein Wunder, sondern es gehört zum fortgesetzten Schöpfungshandeln Gottes. Es ist ein Schöpfungshandeln eigener Art. Man kann es auch schlecht als »Eingreifen« bezeichnen, weil dann der Eindruck der Störung vorherrschend wird. Vielmehr handelt es sich um etwas, von dem die vorchristliche Antike längst wusste und an dem das Mittelalter festgehalten hat, das nur erst neuerdings abhanden gekommen ist: dass jeder Mensch ein Mikrokosmos ist, mitten im Makrokosmos der ihn umgebenden Welt. Jeder einzelne Mensch ist als kleiner Kosmos in bestimmter Hinsicht Bild des großen. – Die alten Rabbinen haben gesagt: Jeder einzelne Mensch kann soviel wert sein wie die ganze Welt. Daher sagen sie: Um Jakob/Israels willen – verstanden als Einzelfigur – wurde die ganze Welt erschaffen. Und auch Jesus scheint solche Grundsätze zu kennen, denn er sagt: *Denn was nützt es, wenn einem die ganze Welt zu Füßen liegt, man aber mit seinem Herzen dafür büßen muss? (37) Was hat der Mensch Kostbareres als sein Herz?* (Markus 8,36f).

Wenn jeder Mensch in diesem Sinne ein Mikrokosmos ist, dann gilt für seine Entstehung analog und in mancherlei Hinsicht dasselbe, was für die ganze Welt gegenüber ihrem Schöpfer gilt. Sie hat gerade als irreduzibel komplexes System Anteil an seiner Weltvernunft (Logos). Wo immer ein Mensch

179

entsteht, dort ist in, mit und unter diesem Vorgang auch Gottes kreative Weltvernunft direkt gegenwärtig und wirksam.

Dreizehnte Stufe:
Wunder

Die von Gott her kommende intensive Vollmacht »platzt« und bewirkt ein massives Wunder, wobei die Naturgesetze überspielt werden.

Das geistliche Übermaß verändert die Welt

Der Beter erwartet Gottes Eingreifen in die Welt. Dies ist aus der Sicht Jesu keine Kleinigkeit, die nebenher geschehen könnte. Vielmehr ruft Jesus erstaunlicherweise die Jünger zu äußerster Aktivität auf, wenn Gott auf Beten hin reagieren soll: *Jesus mahnte die Jüngerinnen und Jünger, sie sollten nicht nachlassen, immer wieder zu beten, und verdeutlichte dies in einem Gleichnis: (2) »In einer Stadt lebte ein Richter, der weder von Gottesfurcht noch von Menschenliebe etwas hielt. (3) An ihn wandte sich eine Witwe aus der Stadt und bedrängte ihn unablässig: ›Verschaffen Sie mir mein Recht. Die Gegenpartei darf nicht Recht behalten.‹ (4) Lange Zeit verschleppte der Richter das Verfahren, aber dann sagte er sich: ›Gott und Menschen sind mir egal. (5) Doch diese Witwe geht mir langsam auf die Nerven. Deshalb will ich ihren Prozess wieder aufnehmen, damit sie mir nicht noch am Ende ein blaues Auge schlägt.‹« (6) Dazu sagte Jesus: »Hört genau hin, was der faule Richter gesagt hat! (7) Um wieviel mehr wird Gott seinen Auserwählten Recht schaffen, wenn sie ihn Tag und Nacht bedrängen. Meint ihr nicht, dass er sich ihrer erbarmen wird? (8) Ganz sicher wird er ihnen sehr bald zu ihrem Recht verhelfen«* (Lukas 18,1–8).

Jesus erinnert mit seinem Wort an eine biblische Gesetzmäßigkeit, die das Verhältnis zwischen Gott und Welt betrifft.

Denn offenbar sind es das Übermaß, der Überfluss, der Überreichtum, die jeweils die Grenze zwischen dem Bereich Gottes und dem Bereich der Welt überschreiten, über sie hinaus dringen und damit die Grenze punktuell (für einen Augenblick) aufheben. Ähnlich wie im Wasserbrunnen im Kreuzgang des Klosters Maulbronn: Wenn und weil die oberste Wasserschale voll ist, drängt das Wasser über sie hinaus und fließt in die nächstuntere, und auch für diese gilt dasselbe.

Paulus greift dieses Bild des Überfließens besonders eindrücklich in 2 Korinther 8,7–9 auf und kann so zeigen, wie aus Gottes überfließender Gnade bei den Korinthern dann die auf die Armen überfließende Spendenfreudigkeit der Gemeinde wird: *Ihr seid ja mit allem so reichlich begnadet, mit Glauben, mit der Macht des Wortes, mit Theologie, mit tätiger Hingabe und Liebe, die ihr von mir als Geschenk gern aufgenommen habt. So wünsche ich mir, dass ihr auch für dieses Gnadenwerk reich genug beschenkt seid, dass ihr selbst schenken könnt ... (9) Jesus Christus ist uns auf diesem Weg des Gnadenwerkes vorangegangen: Er war reich an unzerstörbarem göttlichen Leben und ist um euretwillen arm, nämlich ein sterblicher Mensch, geworden. So solltet ihr dadurch, dass er arm geworden ist, reich werden, das heißt: ewiges Leben erlangen.*

Die messianische Zeit ist offenbar diejenige, in der Gottes Fülle über sich hinausdrängt und unter den Menschen Gefäße sucht. »Überfluss« ist daher schon immer, wenn auch in unterschiedlicher Bedeutung, der Inbegriff dafür, dass Gott neidlos schenken wird. Für Paulus ist der Überreichtum an Gnade (nicht zu vergessen: das Zungenreden) ein gegenwärtiges Indiz dafür, dass die messianische Zeit wirklich angebrochen ist. Die Wunder sind ein bekanntes und sicheres Indiz für diese Zeit. Sie sind ein Merkmal der ausufernden, ausgreifenden Vitalität Gottes.

In der älteren jüdischen Tradition und besonders in der Apokalyptik (zum Beispiel in der syrischen Apokalypse des Baruch) wird dieses so dargestellt, dass Korn, Wein und Öl den Menschen in Fülle gegeben sind und dazu reicher Kindersegen. Der Messias wird zwar persönlich mit diesen Zeichen nicht in Verbindung gebracht, er ist kein typischer Wundertäter. Doch wenn sie auftreten, zum Beispiel als Weinvermehrung oder als Speisung, dann erkennen die Menschen, dass die messianische Zeit da ist. Abstrakt formuliert ist davon die Rede, dass Gott mit seiner Fülle in einem Menschen wohnt (Kolosser 1,19; vgl. Johannes 1).

Dieses Merkmal gilt aber nun auch umgekehrt für die Menschen, welche die Grenze in Richtung auf Gott hin durchbrechen wollen. Auch hier zählt nur das Übermaß. Daher ist es auch nach den jüdischen Texten Merkmal dieser Zeit, Gott aus ganzem Herzen zu lieben und so endlich das Hauptgebot nach 5 Mose 6,4f zu erfüllen.

Zu diesem ungestümen Drängen vom Menschen her gehört nach Lukas 18,1–8 auch das drängende unaufhörliche Gebet der Christen. Dazu gehören wohl auch die Texte, die absolute Gebetserhörung unter der Bedingung zusichern, dass unter den Menschen messianischer Friede und also Versöhnung und Einheit herrschen. Auch diese sind die ersehnten Gaben der Endzeit, wie die Propheten sie ankündigten. Wenn die Menschen unter sich Frieden, Eintracht und wirkliche Einheit herstellen, sind sie Gott so ähnlich, dass sie ihn dazu bringen, aus purer Sympathie zu reagieren.

Es ist nicht verwunderlich, dass diese Rede vom Übermaß auch im Negativen gilt, und zwar von Hass, Krieg, Zerstörung und der Figur des Antichrist. Deswegen übrigens sagt Paulus in 1 Korinther 11, dass Spaltungen auftreten müssen, weil sie das Gegenteil von Einheit sind. Das Herrenmahl aber soll diese Einheit auch buchstäblich verwirklichen. Wo sie nicht realisiert wird, herrschen dann apokalyptische Missstände von Krankheit und Tod, also von Gottesferne. Insofern demonstriert 1 Korinther 11 im Negativen, was Abwesenheit der Einheit ist. Das Herrenmahl dagegen stellt diese Einheit von Gott her dar. Denn hier geht es um den einen Leib, das eine Brot und den einen Jesus Christus, der durch die Gabe des einen Brotes die Einheit aller begründet. Wo Spaltungen die Gottesferne bedeuten, ist Einheit das Merkmal der Gottesnähe. Insofern geht es in 1 Korinther 11 um die »magische« Bedeutung, die Einheit oder deren Fehlen hat. »Magisch« ist hier allerdings nicht Folge eines frühkatholischen Sakramentsrealismus, sondern steht im Zusammenhang mit der anziehenden Bedeutung, die Friede unter Menschen für Gott hat – und Unfrieden für Gottes Fernbleiben und Tod unter Menschen. Von hier aus kann auch generell deutlich werden, was das Übermaß von Krieg, Hass und erkaltender Liebe (Matthäus 24,6–12) für die Herstellung »apokalyptischer Zeiten« bedeutet. So entsteht Gott-Unähnlichkeit und damit Unsegen. Deswegen ist Paulus so leidenschaftlich am Herrenmahl als dem Sakrament der Einheitsstiftung interessiert. Denn der Verlust der Einheit hat, wie er selbst schildert, gravierende Folgen: Die Gemeinde ist Leib Christi. Wer das für das Mahl nicht bedenkt, zieht Gottes Strafgericht auf sich. Deswegen sind in der Gemeinde in Korinth so viele krank und schwach oder sterben früh (1 Korinther 11,29–30).

Wir halten fest: Radikale Einheit unter Menschen bedeutet, dass sie Gott, dem einen und einzigen nahe sind. Dass apokalyptische Texte kein Mittelmaß kennen, sondern nur das hier geschilderte Übermaß, das hängt ganz eng mit dem hier dargestellten Gesetz zusammen, dass Übermaß oder Radikalität den Abstand zu Gott je nach Qualität – ob Liebe oder ob Gewalt – aufhebt oder absolut steigert. Das Herrenmahl ist Realisierung der Einheit untereinander und mit Gott. Deshalb ist gerade hier Zwietracht mörderisch.

Wenn also Zwiespalt Tod und Krankheit hervorruft, Eintracht und Frieden, Versöhnung und Glaube an Gott (als Einheit mit Gott) Heilung und Freude, dann sind damit geschichtswirksame Faktoren genannt. So also kommen jenseits der Wirkung der Naturgesetze gravierende Ereignisse im menschlichen Leben aus der Sicht der frühchristlichen Autoren zustande.

Anders gesagt: Mit unseren Überlegungen sind wir eingestiegen in die Voraussetzungen des frühchristlichen Wunderglaubens. Wir sind dabei auf Fundamente gestoßen, die sich nur selten erschließen und die zumeist verborgen bleiben. Wir haben etwas rekonstruiert. Das Übermaß hat demnach im wechselseitigen Verhältnis von Mensch und Gott eine große Bedeutung. Gilt diese Regel auch heute noch? – Nun bin ich nicht der Überzeugung, dass es sich hier um etwas handelt, das mit dem Wandel des antiken Weltbildes zum neuzeitlichen vorbei ist. Denn das, was hier gesagt ist, gilt doch unabhängig von der Frage des kopernikanischen oder des einsteinschen Weltbildes. Vielmehr ist Übermaß in dem hier definierten Sinn eine typisch religiöse Dimension, die halbwegs plausibel machen könnte, wie es zur Einwirkung der Gottesbeziehung auf ein Stück Welt kommen könnte, und die nicht durch naturwissenschaftliche Aussagen überholbar oder aus der Welt zu schaffen ist. Anders formuliert: Hier geht es nicht um ein Stück Weltbild, sondern um das Verhältnis der Gottesbeziehung zur Leiblichkeit des Menschen. Da die naturwissenschaftliche Medizin diese gar nicht zum Thema machen kann, besteht hier kaum die Chance des Widerlegens.

Wann Gebet verändern kann

Offensichtlich stimmt mit der landläufigen Auffassung von Gebet etwas nicht, sonst würden wir es nicht ertragen, dass die meisten »Gebete« offensichtlich oder scheinbar unerhört und unerfüllt bleiben. Die kritische Exegese hätte schon längst den Widerspruch aufdecken müssen, der zwischen den nicht gerade seltenen Zusagen Jesu über Gebetserhörung und dem faktischen Verlauf der Weltgeschichte besteht. Nur kümmert sich die Exegese nicht um Wirkung, Seelsorge und Weltgeschichte, sondern nur um Philologie.

Texte aus dem Neuen Testament über Gebetserhörung sind zum Beispiel:

Lukas 11,9–13: *Ich kann euch nur sagen: Bittet, und Gott wird euch geben. Sucht, und ihr werdet finden. Klopft an, und Gott wird euch öffnen ... (11) Wenn ein Kind zu seinem Vater kommt und ihn um einen Fisch bittet – meint ihr, der Vater würde ihm statt des Fisches eine Schlan-*

ge in die Hand drücken? (12) Oder das Kind bittet um ein Ei. Meint ihr,
der Vater wird ihm einen Skorpion geben? (13) Wenn schon ihr sündigen
Menschen euren Kindern doch nur Gutes zu geben wisst, um wieviel
eher wird dann euer himmlischer Vater denen Heiligen Geist schenken,
die ihn darum bitten!

Johannes 14,13f: *Und was ihr in meinem Namen erbittet, das werde ich*
euch geben, damit der Vater verherrlicht wird durch den Sohn. (14) Wenn
ihr mich um etwas bittet in meinem Namen, werde ich es euch geben.

Bedingungen für Gebetserhörung sind: Glauben (Markus
11,24; Jakobus 1,5f; 5,15); Einigkeit in der Gemeinde (Matthäus 18,19f); bei Jesus bleiben und seine Worte bewahren
(Johannes 15,7; ähnlich 1 Johannes 3,22); bleibende Frucht
bringen (Johannes 15,16); in zeitgenössischen jüdischen Texten: Umkehr, Aufhören zu sündigen. – Gebrauch des Namens
Jesu beim Beten (Johannes 14,13f; 15,16; 16,23.26f); dem
Bruder vergeben (Markus 11,25; Matthäus 6,12.14–15; syr Di-
daskalie 11: »Verzeih dem Bruder, und wenn du es um deines
Bruders willen nicht tun magst, ... so tue es wenigstens um
deiner selbst willen, damit du erhört wirst, wenn du betest
und ein angenehmes Opfer dem Herrn darbringst.« Ähnlich
über das Opfer: Matthäus 5,23f); heilige Hände ohne Zorn
und Streit zum Gebet erheben (1 Timotheus 2,8); die Frau ehren
(1 Petrus 3,7); im Judentum: Gebet kann durch Sünden verei-
telt werden; Voraussetzungen der Erhörung: Reinheit äußerlich und als Umkehr in der Seele; Reinheit durch Besitzver-
zicht.

Auffällig häufig ist die Gebetserhörung an Bedingungen geknüpft, die über das bloße bewusste Beten weit hinausgehen.
Die Bedingungen lassen sich ordnen nach solchen, in denen
es um Einheit und Frieden mit Gott geht (Glauben, Gesetz
bewahren), und solchen, in denen die Versöhnung mit dem
Nächsten die Voraussetzung ist (inklusive Ehrung der Ehe-
frau). – Die zuerst zitierten Stücke sind wahrscheinlich nach
ihrem Kontext zu beurteilen. Von daher ergibt sich Kindschaft
oder Auserwähltheit als Voraussetzung der Gebetserhörung.
Ähnlich ist im jüdischen Testament des Abraham (1. Jahrhun-

dert n. Chr.) die Voraussetzung der Gebetserhörung, dass Abraham Gottes Freund ist. In Version A, Kapitel 8 sagt Gott zu Abraham: »Amen, ich sage dir, um was auch immer du mich bitten wirst, ich werde es dir geben.«

Man kann voraussetzen, dass es grundlegend um eine derartige Voraussetzung geht. Damit geht es insgesamt um folgende Unterschiede gegenüber unserer landläufigen Vorstellung:

- Es bleibt Gott überlassen, wann und wie er das Gebet erhört. Es ist davon auszugehen, dass Gott seine Kinder nicht enttäuschen will und dass er ihnen Besseres gibt, wenn er etwas Bestimmtes versagt.

- Die Zusage der Gebetserhörung ist häufig eine Aussage über den Status des Beters, wie wenn man bei uns sagt: »Der Kanzler hört auf ihn« oder »Er hat das Ohr des Kanzlers«. Es geht jeweils um unüberbietbare Nähe und Intimität (Kindschaft, Freundschaft). Und wenn man im Namen Jesu betet, bedeutet das, dass man ihn als Anwalt bei Gott haben darf. Er ist der beste und höchste Anwalt.

- Unter Gebet ist nicht ein Stoßgebet zu verstehen, sondern eine den Tag, die Nacht oder wenigstens den Abend füllende Aktion. Wenn Paulus vom ständigen Beten spricht und Lukas vom Schreien Tag und Nacht, so schildert das ein Leben als Gebet, das weit von dem entfernt ist, was wir normalerweise für vorstellbar halten. Das erleichtert nicht das naturwissenschaftliche Problem der Gebetserhörung. Aber es lässt – wie auch die Bedingungen im Ganzen – deutlich werden, dass jedenfalls der Beter sich im Gebet ändert. Die Richtung geben Lukas 1,49 und 18,9–14 an: Es geht um Selbstzurücknahme im Gebet, genannt »Demut«.

- Nach der Bergpredigt geht es in den Gebeten der Christen – wie auch bei ihrer Sorge sonst – nicht in erster Linie um irdische Versorgungsgüter, sondern um Gottes bzw. seines Reiches Gerechtigkeit (Matthäus 6,33). Wenn die Menschen nur danach streben, wird alles andere dazugegeben.

- Vom Status dessen, der erfolgreich beten darf, gilt auch, dass der irdische Tod nicht das denkbar größte Übel ist. Da der Beter vielmehr Gottes Freund und Kind ist, ist das entscheidende Problem anderer Menschen ohne Hoffnung, nämlich der Tod, kein Problem mehr.

– Die Voraussetzungen der absoluten Gebetserhörung, nämlich Einheit mit Gott im Glauben und Friede und Versöhntsein mit allen Menschen, sind nicht leicht zu erlangen. Andererseits geht es nicht nur um eine idealistische Zielvorstellung. Die Gemeinschaft mit Gott ist aber eine Gesinnungs- und Handlungsgemeinschaft. Wo das der Fall ist, richten sich die Gebete nicht an einen fremden und fernen Gott, sondern ähneln eher Absprachen in einer Aktionsgemeinschaft.

– Der Schlüssel zur absoluten Gebetserhörung ist daher Ähnlichkeit mit Gott, das heißt: »Interessengleichheit«, Vergebungsbereitschaft. Zur Ähnlichkeit gehört die Demut auch deshalb, weil der Selbst-Erniedrigung des Menschen vor Gott eine Kondeszendenz Gottes, ein Sich-Erniedrigen Gottes entspricht, wenn der große und unfassbare Gott sich dem Willen eines kleinen Menschen fügt. Was Jesus dem Beter verheißt, erinnert insofern an den Lohn für den treuen Sklaven, den Jesus in einem lukanischen Gleichnis schildert: *So sollt ihr dienstbereit den Herrn erwarten. Dann könnt ihr ihm, wenn er von der Hochzeitsfeier nach Hause kommt und klopft, sofort die Tür öffnen. (37) Selig sind die Sklaven, die der Herr wachend antrifft, wenn er kommt. Amen, ich sage euch, er wird so begeistert von euch sein, dass er euch zu Tisch bittet, sich selbst die Kellnerschürze umbindet und euch bedient* (Lukas 12,36f).

– Jesus fordert zum Gebet auf, das Tag und Nacht währt, und Paulus redet davon. Was das bedeuten könnte, lässt sich bei den Mönchen auf dem Athos studieren. Die Stetigkeit des Betens ist ein Zeichen dafür, dass wir Gott radikal brauchen. Und Gott will »gebraucht« werden.

– Wir dürfen jede Sorge vor Gott sagen. Zumindest das ist eine Folge unseres Status. – Das Gebet verändert zumindest den Beter; er ist nicht mehr allein, er unterwirft sich dem

Urteil Gottes. Denn auch die Zusicherung der Gebetserhörung bedeutet nicht präzises Wissen (Gott ist kein Automat). Aber es gilt: Vertrauen rührt an Gottes schwache Stelle.

– Kann Beten den Weltlauf beschleunigen? Wenn Umkehr beschleunigt (Apostelgeschichte 3,19f) und Gebet ein Teil der Umkehr und Hinkehr zu Gott ist, kann man das vielleicht sagen. Andererseits erteilt Offenbarung 6,9f allen Zeitplänen eine Abfuhr. Auch pagane Gebete insistieren immer wieder auf dem »schnell, schnell«. Doch hier rühren wir an das weite Feld, von dem wir nichts wissen.

Es wird erkennbar, dass das Gebet eine große Verheißung zur Veränderung der Welt hat.

Vierzehnte Stufe:
Trinität

Trinitarisches Wirken auch des Sohnes und des Heiligen Geistes.

Der christologische Weg

Nach allgemeinem Konsens geht es bei Gottes Vorsehung um den Schöpfer und die Fortsetzung seines Handelns in der Welt, denn die Fragen betreffen das Sein des Menschen in der Welt und nicht die Erlösung durch Jesus Christus oder die Heiligung durch Gottes Geist. Es könnte freilich sein, dass diese »Aufgabenteilung« und Zuordnung von Anfang an falsch ist und wesentliche Einsichten versperrt. Beginnen wir mit der Christologie:

Jesus Christus wird nach dem Neuen Testament einbezogen in die Frage des Weltregiments Gottes auf dem Hintergrund einer Annäherung von Weisheit (jüdisch) und Vorsehung (stoisch).

Aus dem Evangelium nach Johannes entnahmen wir: An Jesus, der zugleich Schöpfungsmittler und Erlöser ist, wird das

wahre Ziel von Gottes Schöpfung deutlich: Liebe. Die Jüngerinnen und Jünger, die zu Jesus organisch dazugehören wie
Triebe zum Weinstock, setzen diese Liebe in der Geschichte
um. Weil Jesus die Gabe des Lebens ist, ja Gott selbst, ist mit
ihm Gott in die Geschichte eingetreten. Gerade deswegen muss
jede christliche Geschichtstheologie trinitarisch ausgerichtet
sein. Der Zisterzienser Joachim von Fiore († 1202) hat dieses
als erster erkannt und folgerichtig durchgeführt.

Oft wird vergessen, dass Christologie nicht nur Inkarnation
bedeutet – und damit Erfüllung des biblischen Wunschtraums,
Gott möge bei den Menschen wohnen –, sondern auch Interzession, das heißt, dass einer von uns unser Anwalt bei Gott
ist. Und speziell dieses ist zum Beispiel nach Johannes 14,13f
die Voraussetzung für die Erfüllung der Gebetswünsche der
Christen. Für das Evangelium nach Johannes ist daher geschichtstheologisch die *Inkarnation* als Gabe des Lebens und
der Kraft zur Liebe genauso wichtig wie die *Interzession*. Denn
so wird den Gebeten der Christen wirklich Geschichtsmäch-
tigkeit verliehen. Die Christen sind nicht nur das Kraftzen-
trum der Welt als der Weinstock, in dem Jesu Kraft lebendig
ist, sie sind auch die Mitte der Welt durch ihr fürbittendes Gebet
für die ganze Schöpfung, gerichtet an den Fürsprecher bei Gott.
Wirkung dieser Gewissheit ist, dass viele Gebete mit der Formel enden: »... durch Jesus Christus, unseren Herrn.«

Der pneumatologische Weg

Ich habe den Eindruck, dass die Vorsehung Gottes weiter
insbesondere den Geist Gottes betrifft, den man ja nicht zu
Unrecht »Schöpfer Geist« nennt. Hier wird die Engführung
über Jesus Christus – was die Wirkung angeht, nicht was den
Zugang betrifft – aufgehoben.

Das betrifft zuerst die »Neue Schöpfung«, die durch die Wirkung vor allem des Heiligen Geistes zustande kommt. Denn
er wirkt Liebe und Verknüpfung der Menschen, Verwandlung
und Auferstehung, er ersetzt alles Alte durch Neues. Das ge-

schieht, indem er im Herzen der Menschen das Neue wirkt, zuerst also den »inneren Menschen«.

Der Heilige Geist ist speziell die Einwohnung Gottes in seiner Kreatur. Diese erweitert sich konzentrisch über Jesus, Apostel, Gläubige bis hin zu dem Punkt, da Gott »alles in allem« ist (1 Korinther 15,29) und jede Spur des Todes beseitigt ist. – Was johanneisch vornehmlich als das Wirken Jesu in seinem Weinstock bildlich beschrieben wird, kommt für Paulus durch das Wirken des Heiligen Geistes zustande, während der Heilige Geist als Paraklet bei Johannes speziellere Aufgaben hat. Das Ziel ist die endgültige Verbindung (Versöhnung) der Welt mit Gott. Die ganze Welt wird Gottes Zelt, der Ort seines Wohnens. Insbesondere nach Römer 8 hat der Heilige Geist die Wirkung, dass Tod und schmerzliche Trennung für die gesamte Kreatur aufgehoben werden.

Fünfzehnte Stufe:
Schöpfung

Schöpfungswunder: Erschaffung von Arten und auch der Welt im Ganzen. Begründung des kreatürlichen Lebens.

Aus der neueren naturwissenschaftlichen Diskussion wählen wir für die Grundfrage nach dem Verhältnis von Schöpfung und Zufall die beiden philosophisch orientierten »Verarbeitungen« der Thematik von Johannes Huber (Geheimakte Leben, Frankfurt 2000) und Kurt Hübner (Glaube und Denken, Tübingen 2001) heraus.

Johannes Huber wendet sich (S. 176–203) gegen das Modell eines simplen Zufallsgenerators zur Erklärung der Artenausprägung und -vielfalt. Auch das Bild der Lotterie reiche nicht aus, um auch nur die Entstehung des Lebens zu erklären. Er setzt stärker auf das Zwiegespräch zwischen Genen und Außenwelt und rechnet jedenfalls nicht mit einer in sich geschlossenen Entwicklung von Zufälligkeiten, sondern mit der Möglichkeit einer stetigen Beeinflussung der Grundstrukturen durch die Außenwelt. Gegen die neodarwinistische Zufallstheorie setzt er »gerichtete Mutationen« und damit »notwendige biologische Prozesse«.

Radikaler argumentiert der Kieler Philosoph und Naturwissenschaftler Kurt Hübner. Er ist nicht bereit, dem Zufall einen ontologischen Rang wie den Naturgesetzen einzuräumen. Vielmehr sei die Rede vom Zufall eher eine Redensart für Dinge, die man nicht erklären kann. Wirklichen Indeterminismus gibt es nach Hübner nur im Mikrobereich, nicht aber bei der Entstehung ganzer Arten. Ähnlich wie Huber von gerichteten Mutationen spricht, nennt Hübner die Evolutionsrichtung als etwas von einer großen Intelligenz Gegebenes und Vorgegebenes. Viele sogenannte Naturgesetze beruhen nur auf der Generalisierung von Gewohntem. – Freilich sei die sogenannte Koinzidenz (das Zusammentreffen zweier an sich wissenschaftlich erklärbarer Ursachenreihen) wissenschaftlich nicht erklärbar.

Die Kernfrage ist an dieser Stelle: Kann die Explosion einer Druckerei ein Lexikon erzeugen? Selbst sehr kritische Autoren wie R. Bernhardt erwägen Modelle der Aktivität Gottes.

Ausblick

Fragen und Antworten

Wir haben versucht, durch Unterscheidungen die Fragen, die aus dem Thema herrühren, zu beantworten. In diesem Sinne haben wir unterschieden zwischen:

- Naturgesetzen,
- Gesetzmäßigkeiten in der Geschichte,
- den großen Stationen der Heilsgeschichte,
- insgesamt mindestens etwa 15 Weisen, in denen Gottes Handeln die Schöpfung betrifft,
- dem Wirken von Gottes Engeln in den drei letztgenannten Bereichen als Wegen der Erhellung des Menschen über Gottes Wirken.

Gott erschafft nicht (nur) Einzeldinge, sondern (vor allem) funktionierende Systeme, »Familien«, Regelkreise, Beziehungskartelle – oder wie immer man das nennen will. So ist er auch der Schöpfer und Stifter von Liebesbeziehungen, Freundschaften und was an fruchtbaren sozialen Systemen besteht. Von gleicher Bauart ist auch das Geheimnis dessen, was aus zufälligem Zusammentreffen entsteht und am Ende als gar nicht mehr zufällig verstanden wird. Im geheimnisvollen Zusammenkommen der Kausalreihen kann es sein, dass Gott »siebt«.

Gottes Wirken bei allen diesen Vorgängen ist verborgen, nicht sichtbar und vollzieht sich in der Richtung, die bestimmte Prozesse bekommen. Die Spannung zwischen unsichtbarem Richtunggeben und theologischer Wahrheit findet im biblischen Glauben ihren Niederschlag in der Erfahrung und generellen Annahme von Engeln. Sie sind die, wenn auch nur visionär, sichtbare Seite des Unsichtbaren, sie stellen die Offenbarung des Verborgenen sicher. Ihr Wirken und ihre Anwesenheit sind die Weise, in der Unsichtbares, Geheimnisvolles, strikt Unzugängliches dennoch erfahrbar, in Worten fassbar und den Menschen nahe gebracht wird.

Wir haben uns dabei weniger um empirische Erweisbarkeit bemüht als vielmehr darum, ein in sich stimmiges Konzept zu entwickeln, das weder der Naturwissenschaft noch der Exegese noch dem christlichen Gottesbild noch der Frömmigkeit der Kirche noch – wenigstens prinzipiell – dem Fassungsvermögen moderner Menschen entgegensteht. Die Hauptsorge betrifft immer das Gottesbild. Alles, was man in der Rede darüber leichtfertig zulässt, rächt sich bitter in allen weiteren theologischen Aussagen.

Aber es geht nicht nur darum, nicht hinter das durch die Wissenschaft geforderte Niveau zurückzufallen. Vor allem war mir daran gelegen, das theologische Vakuum zu füllen, das sich hinter den vielen Fragen auftut, die mit »Warum« und »Wie kann« beginnen und sich in den großen Katastrophen des Lebens und der Geschichte stellen. Manche Probleme sind auch erst durch eine bestimmte Weise, die Schrift zu lesen, entstanden, zum Beispiel die erregte Debatte über das Gottesbild im Verhältnis zur Notwendigkeit von Jesu Leiden.

Wichtig war, überhaupt ein Konzept vorzulegen, das nicht von einem beiderseits fundamentalistischen Alles oder Nichts ausgeht. Die Bibel jedenfalls kennt unterschiedliche Abstufungen des Eingreifens Gottes in die Geschichte, was sich zum Beispiel an der wohldosierten Sparsamkeit des Neuen Testaments äußert, ausdrücklich die »Stimme Gottes« zu zitieren. Anderes blieb offen und ist wenigstens zum Schluss kurz zu umreißen. Das, was offen blieb, betrifft besonders das menschliche Gegenüber des geschilderten Handelns Gottes. Unbezweifelbar sind beide eine dramatische Einheit. Denn das Gebet reagiert und erbittet. Im direkten Gegenüber zu Gott ist es die unmittelbarste Weise der Anteilhabe an Gottes Weltregiment. Das Gebet ist auch der allererste und wichtigste »Sitz im Leben« der Rede von Gottes Handeln in der Welt. Die differenzierten Gattungen des Gebets und der Hymnen weisen auf die ungeheure Bedeutung der Sprache für die menschliche Erfassung und Bewältigung der Geschichte und Lebensgeschichte.

Das Leiden in der Welt

Stärker als in meinem einschlägigen Buch »Wie kann Gott Leid und Katastrophen zulassen?« (3. Auflage 1999) betone ich hier die notwendig mit der Existenz dieser Schöpfung gegebenen Leiden. Sowohl die Naturgesetze als auch die Gesetzmäßigkeiten der Geschichte in dieser Ersten Schöpfung bringen eine Fülle von Leiden mit sich. Auch das, was Jesus erleidet, gehört *zunächst* in diesen Rahmen. Dass Gott dann dieses Leiden im Sinne der Stellvertretung wertet, ist in der Tat christlicher Glaube seit Anbeginn, und daran ändert auch unsere Annahme über den vorgängigen Rahmen der Passion Jesu (Leiden des Gerechten schlechthin) gar nichts.

Stärker als in dem Buch über Leid und Katastrophen betone ich hier, dass eine Theologie nötig ist, die am Leiden der Menschen ansetzt und dieses niemals aus den Augen verliert.

Zur Frage, ob Gott die Menschen mit Prüfungen und Strafleiden bedenkt, bleibe ich bei meiner Aussage, dass Quälerei und Gewalt nach Aussagen der Bibel ihren Ursprung nicht in Gott haben, sondern immer in Menschen, und auch der Zusammenhang von Tun und Ergehen ist ja nicht so gebaut, dass das Tun von Menschen und das Ergehen von Gott kommt. Eine strikt theologische Aussage dazu lässt sich daher nicht treffen. Wenn aber einzelne prophetische und poetische Menschen zu solchen Aussagen gelangen, so kann das je nach Situation seelsorgerlich legitim sein, auch wenn es sich nicht zu einer generalisierten Aussage über Gott eignet. Aber das kann es ja immer wieder geben, denn von jedem Ereignis kann man sagen, dass es ein Zeichen werden kann. So versteht auch die Offenbarung des Johannes die Katastrophen. Und die dabei beteiligten Engel stehen für die Verbindung mit der Notwendigkeit zur Bekehrung, die der Verfasser in diesen Zeichen erkennt (wie Jesus in Lukas 13,1–5).

Vorsehung und Gebet

Bis auf fast verschwindende Ausnahmen (eine ist R. Schulte OSB) steht die moderne Theologie dem Vorsehungsglauben sehr kritisch oder negativ gegenüber. Der Kontrast zwischen volkskirchlicher Frömmigkeit und dem Beten der Kirche einerseits und der modernen Theologie andererseits könnte – auch in dieser Hinsicht – größer nicht sein.

Denn von ihren ersten Anfängen bis heute halten alle christlichen Kirchen an der Praxis des Bittgebets fest. Was aber soll ein Bittgebet, wenn man es immer unter dem Vorbehalt sprechen muss, dass es doch eigentlich »nichts bringt«? Denn wenn man theologisch davon überzeugt ist, dass Gott in die Welt auf keinerlei Weise eingreifen könne, wie soll man dann in einem Bittgebet um »gute Ernte« bitten? Schon der englische Reformator John Wiclif († 1384) hatte sich so geäußert.

Wenn der Grundsatz gilt, *lex orandi lex credendi* (»wie das Gebet, so das Bekenntnis«), dann müsste es doch möglich sein, auch in einem seit Jahrhunderten »wissenschaftlichen« Zeitalter den Glauben an Gottes Vorsehung zu vermitteln.

Dazu tragen auch Kirchenlieder bei:

Das erste zu zitierende Lied nimmt auf die nicht seltene Situation Bezug, in der Menschen von der Macht Gottes nichts spüren. Gegen den Augenschein hält die Dichterin indes an Gottes treuer Führung fest:

»So nimm denn meine Hände / und führe mich
bis an mein selig Ende / und ewiglich!
Ich mag allein nicht gehen, / nicht einen Schritt:
Wo du wirst gehen und stehen, / da nimm mich mit.
…
Wenn ich auch gleich nichts fühle / von deiner Macht,
du führst mich doch zum Ziele / auch durch die Nacht:

195

So nimm denn meine Hände / und führe mich
bis an mein selig Ende / und ewiglich!« (Julie Hausmann, EG 376,1.3)

Zum Jahreswechsel 1944/1945 dichtete Dietrich Bonhoeffer im KZ in Erwartung seiner Hinrichtung:

»Von guten Mächten wunderbar geborgen,
erwarten wir getrost, was kommen mag.
Gott ist bei uns am Abend und am Morgen
und ganz gewiss an jedem neuen Tag« (EG 65,7).

Das folgende Lied beschreibt, wie Gott »mit« seinem Volk ist und es mütterlich leitet:

»Der Herr ist noch und nimmer nicht
von seinem Volk geschieden;
er bleibet ihre Zuversicht,
ihr Segen, Heil und Frieden.
Mit Mutterhänden leitet er
die Seinen stetig hin und her.
Gebt unserm Gott die Ehre!« (Johann Jakob Schütz, EG 326,5).

Diese eindrucksvollen Texte lassen den theologischen Tiefgang erkennen, den Kirchenlieder einst haben konnten. Wesentliche Elemente des theologischen Vorsehungsglaubens werden darin genannt: die Führung Gottes, das erhoffte Ziel am Ende, die treue Begleitung durch Gott, die mütterliche Fürsorge.

Am Gottesbild des Johannes-Evangeliums lernten wir, dass der Urgrund aller Dinge (der »Vater«) wie eine Person ist und Liebe ist und worthaft. Wenn also daher alles immer wieder und immer noch kommt – und eben nicht aus nur toter Materie –, dann hat das Gebet eine ganz herausragende Bedeutung in der Schöpfung. Denn auch im Gebet sind die tragenden Säulen Personen, Liebe und Worte. – Im Gebet und im Hymnus wendet sich der Mensch zurück zu dem, von dem er kommt. Auch nach alttestamentlichem Verständnis steht im Gebet das auf seinem höchsten Gipfel, was die Ebenbildlichkeit des Menschen ausmacht; denn im Unterschied zu den Tieren ist der Mensch Gottes Partner, der mit ihm redet und zu dem er sprechen darf. Im Gebet realisiert der Mensch recht eigentlich die Gottebenbildlichkeit. Das gilt auch uns besonders dann, wenn das Gebet in der Hauptsache Schweigen ist, um Gott zu vernehmen.

In jedem Fall aber spricht und horcht der Mensch sich im Gebet in sein Gegenüber hinein. Jeder Kontakt mit dem Gegenüber reaktiviert dessen schöpferische Potenz. Genau aus diesem Grund verheißt Jesus den Jüngern die absolute Gebetserhörung. Denn weil Gott alles, was er schafft, ihm ähnlich macht, wird die Ähnlichkeit mit Gott eine besondere Chance der Gebetserhörung; auf der anderen Seite bekommt der Beter auch genau jene Kreativität (Bäume und Berge versetzen), die nur der Schöpfer haben kann.

Die Demut ist deshalb die Stelle, wo Gott schwach wird, weil der Mensch in der Demut für die schöpferische Macht Gottes offen ist.

Bleibt das Schicksal dunkel?

Eine interessante Umkehrung bringt Romano Guardini: Einerseits sagt er: »Ich erfahre das Schicksal letztlich als etwas Numinoses. Es ist mit geheimnisvoller Energie geladen und hat Macht über mich«, denn es komme aus dem undurchdringlich Fremden und sei daher Ausdruck des Numinosen (S. 219). Andererseits erklärt er dann: »Das Wesentliche des Vorsehungsglaubens bedeutet nicht, sich einem fremden Vater in die Arme zu werfen, der alles in Ordnung bringt, sondern in Gottes Sorge für sein Reich ... einzutreten« (S. 293).

Zum ersten: Der Lärm jeder Silvesternacht soll die Ängste verscheuchen, die man früher böse Geister nannte. Das, was gegenüber dem »Schicksal« vorherrscht, sind Ängste, jedenfalls in unserer Zeit. Die Art, wie sie sich äußern und wie sie bekämpft werden, ist zum allergrößten Teil ungehobeltes Heidentum. Das Christentum ist aus seinen geistigen Höhen bis hierher noch nicht vorgedrungen.

Christen haben es mit Kirchenglocken versucht. Wer sich lange mit Glockeninschriften befasst hat, weiß, wieviel Frömmigkeit in diesen alten, oft ganz unbekannten – weil hoch oben im Turm verborgenen – Texten steckt, die man dem Geläute als das »Gebet der Glocke« selbst mit auf den Weg gibt. Nun gehören die Glocken großer Dome zum Rundfunkprogramm der Silvesternacht, aber niemand mehr weiß, was die Glocken mit ihrer Inschrift rufen sollen. Denn es ist immer ganz einfach: Beten hilft gegen Angst.

Wohlgemerkt: Es geht jetzt nicht um Welt- oder Heilsgeschichte (zu letzterem vgl. K. Berger: Wie kommt das Ende der Welt? 2. Auflage 2002), sondern um den dunklen Weg vor mir. Schönheit hilft gegen Angst – daher christliche Kunst(geschichte). Aber das Dunkel wird dadurch nicht heller. Es geht darum, was uns Kraft zum Leben gibt (vgl. dazu mein Buch: Was gibt uns die Kraft zum Leben? 2001). Vielleicht gilt am Ende das Wort von Peter Wust: »Die Ungewissheit im Streben nach Sinn und Glück muss im vertrauenden Wagnis auf Gottes Güte überwunden werden« (Ungewissheit und Wagnis, 1937). Für mich sind die Gebetszeiten des Stundengebets und die Ordnung des Kirchenjahres mit seinen Fest- und Vorbereitungszeiten wie Pfeiler im Strom des Ungewissen. Denn ich weiß, dass sie sein werden, von den Mitbrüdern, von der Kirche gefeiert. Und weil es in jedem Fall um Feiern geht, wird mir hoffentlich nicht bang werden, weil ich weiß, was und wen es zu feiern gilt, solange die Welt besteht.

Zum zweiten: Wie wird man die Sorge los? Indem man sich irgendwie besäuft, sich einem Abenteuer in die Arme wirft? Oder so, wie Guardini es sagt: Indem ich die Sorge anderer teile, am Ende: die Sorge Gottes. Denn Sorgen anderer zu teilen lässt auf besondere Weise redlich und bescheiden werden. Guardini gibt hier die Antwort von Matthäus 6,31–34: *Was sollen wir essen, was sollen wir trinken, was sollen wir anziehen? (32) So fragen doch nur Menschen, die nicht an Gott glauben. Doch euer Vater im Himmel weiß, was ihr braucht. (33) Sucht zuerst Gottes Herrschaft und fragt nach dem, was Gott von euch fordert, dann gibt es Kleidung und Nahrung geschenkt dazu! (34) Belastet euch also nicht mit Sorgen für den nächsten Tag.*

Wer also bestimmt unser Leben?

Die Auskunft, »natürlich Gott« bestimme unser Leben, wäre aus dem Munde eines Theologen zwar erwartbar, aber doch zu simpel und wie eine abgegriffene Münze, die eben die Probleme eher verdeckt als aufdeckt. Unser Weg führte vielmehr an Fremdwörtern vorbei, die sagten, dass Gott, der Schöpfer, komplexe Systeme und Synchronismen stifte. Dahinter steht das, was wir bescheiden Intelligenz und Liebe nennen. Wenn man dieses Wort recht versteht, dann darf man auch sagen: Freundschaften bestimmen unser Leben. Denn Freundschaften sind komplexe Systeme, und sie entstehen nicht zufällig, sondern werden gefügt. Jesus nennt seine Jünger im Johannes-Evangelium »Freunde«, und wir haben gehört, dass das Gebet und der Hymnus ein wichtiges Element der Freundschaft mit Gott ist. Schon im Alten Testament heißt Abraham »Freund Gottes«, und viele jüdische Texte wiederholen das, denn mit Abraham sind immer zugleich auch alle gemeint, die von ihm her kommen. Und wenn zutrifft, was wir gerade über die Zusicherung der Gebetserhörung durch Jesus gehört haben, dann verstehen wir auch besser, warum Abraham in alten jüdischen Quellen der Freund Gottes ist, dem bedingungslose Gebetserhörung zugesichert wird (Testament Abraham A 8).

Unser Leben aber wird nicht von einer einzigen Ursache (monokausal) her irgendwie bestimmt, vielmehr gehört zu dem, was wir werden, auch unsere eigene Rolle in solchen »Mobiles«; selbst unsere Erbanlagen sind Teile solcher Systeme. Freundschaften sind bewegliche Konstellationen, aber wohl erst dann, wenn aus der Beziehung Gott – Mensch oder Lehrer – Schüler oder Frau – Mann eine Freundschaft im anspruchsvollen Sinn des Wortes wird, kann diese uns prägen. Aristoteles hatte in seiner Ethik an Nikomachos die Freundschaft als die höchste, löblichste und grundlegende Form des menschlichen Miteinanders bezeichnet. Denn den Freunden ist »alles gemeinsam«. Und genau so tritt auch die früheste christliche Gemeinde ans Licht der Weltgeschichte (Apostelgeschichte 2,44; 4,32).

LITERATURHINWEISE

Das Neue Testament und frühchristliche Schriften, übersetzt und kommentiert von Klaus Berger und Christiane Nord, Frankfurt a. M., 5. Aufl. 2001 (zitiert: Berger/Nord; nach dieser Übersetzung werden alle neutestamentlichen und, sofern nichts anderes angegeben ist, frühchristlichen Texte zitiert)

v. Balthasar, H. U.: Das Ganze im Fragment. Aspekte der Geschichtstheologie, Einsiedeln 1963

Bernhardt, R.: Was heißt »Handeln Gottes«? Eine Rekonstruktion der Lehre von der Vorsehung, Gütersloh 1999

Cosgrove, C. H.: The Divine *dei* in Luke-Acts, in: Novum Testamentum 26 (1984), 168–190

Dunkel, A.: Christlicher Glaube und historische Vernunft. Interdisziplinäre Untersuchungen über die Notwendigkeit eines theologischen Geschichtsverständnisses, Göttingen 1989 (dort weitere Literatur)

Guardini, R.: Freiheit, Gnade, Schicksal. Drei Kapitel zur Deutung des Daseins, München 1948

Huber, J.: Geheimakte Leben, Frankfurt 2000

Hübner, K.: Glaube und Denken, Tübingen 2001

Kern, W.: Zur theologischen Auslegung des Schöpfungsglaubens, in: Mysterium Salutis 2, Einsiedeln, Zürich, Köln 1967, 464–545

Scheffczyk, L.: Schöpfung und Vorsehung, in: Handbuch der Dogmengeschichte 2/2a

v. Scheliha, A.: Der Glaube an die göttliche Vorsehung. Eine religionssoziologische, geschichtsphilosophische und theologiegeschichtliche Untersuchung, Stuttgart 1999

Schilson, A.: Vorsehung, in: Neues Handbuch Theologischer Grundbegriffe Bd. 5, München 1991, 218–229

Schneider, Th. und Ullrich, L.: Vorsehung und Handeln Gottes, Freiburg 1988, *darin:*

Weimer, L.: Wodurch kam das Sprechen von der Vorsehung und Handeln Gottes in die Krise? Analyse und Deutung des Problemstandes seit der Aufklärung, 17–71

Hossfeld, F.-L.: Wie sprechen die Heiligen Schriften, insbesondere das Alte Testament, von der Vorsehung Gottes? 72–93

Jorissen, H.: Schöpfung und Heil. Theologiegeschichtliche Perspektiven zum Vorsehungsglauben nach Thomas v. Aquin, 94–108

Studer, B.: Zur frühchristlichen Lehre über die Vorsehung und das Wirken Gottes in der Welt. Ein Diskussionsbeitrag, 109–115

Schulte, R. OSB: Wie ist Gottes Wirken in Welt und Geschichte theologisch zu verstehen? 116–167

Bachl, G.: Thesen zum Bittgebet, 192–207

Schwöbel, Chr.: Die Rede vom Handeln Gottes im christlichen Glauben, in: Marburger Jahrbuch für Theologie 1 (1987), 56–81.

v. Stuckrad, K.: Das Ringen um die Astrologie. Jüdische und christliche Beiträge zum antiken Zeitverständnis, Berlin, New York 2000

Unkel, H. W.: Leben aus dem praktischen Vorsehungsglauben, I–II, Vallendar 1981

Vorgrimler, H.: »Erlöse uns von dem Bösen«. Die Aktualität einer Vaterunser-Bitte (Vortrag 19. 1. 1999 K. Rahner Akademie, Köln), Hg. K. Rahner Akademie, Köln 1999

Weingartner, P.: Evolution als Schöpfung? Ein Streitgespräch zwischen Philosophen, Theologen und Naturwissenschaftlern, Stuttgart 2001, *darin:*

v. Kutschera, F.: Glauben und Erkennen, 21–35

Laun, A.: Anmerkungen zur Evolution aus der Sicht des Theologen, 45–59

Daecke, S. M.: Schöpfung als Interpretation von Evolution – Evolution als Konkretion von Schöpfung, 73–96

Erbrich, P.: Wieweit trägt Darwins Mechanismus von Zufall und Selektion?, 187–212

Schuster, P.: Ursprung des Lebens und Evolution von Molekülen, 219–243

Weingartner, P.: Zur Frage der Verträglichkeit von Schöpfung und Evolution, 259–276

Verzeichnis der Bibelstellen